期货交易者教育系列丛书

线型低密度聚乙烯、聚丙烯和聚氯乙烯期货

中国期货业协会　编

中国财经出版传媒集团
中国财政经济出版社
北京

图书在版编目（CIP）数据

线型低密度聚乙烯、聚丙烯和聚氯乙烯期货 / 中国期货业协会编. --北京：中国财政经济出版社，2024.8
（期货交易者教育系列丛书）
ISBN 978-7-5223-2982-6

Ⅰ.①线… Ⅱ.①中… Ⅲ.①聚乙烯-期货交易-基本知识②聚氯乙烯-期货交易-基本知识③聚丙烯-期货交易-基本知识 Ⅳ.①F830.93

中国国家版本馆 CIP 数据核字（2024）第 060893 号

责任编辑：贾延平　　责任校对：胡永立
封面设计：王　颖　　责任印制：党　辉

线型低密度聚乙烯、聚丙烯和聚氯乙烯期货
XIANXING DIMIDU JUYIXI、JUBINGXI HE JULYUYIXI QIHUO

中国财政经济出版社 出版
URL：http://www.cfeph.cn
E-mail：cfeph@cfeph.cn

社址：北京市海淀区阜成路甲 28 号　邮政编码：100142
营销中心电话：010-88191522　编辑部电话：010-88190957
天猫网店：中国财政经济出版社旗舰店
网址：https://zgczjjcbs.tmall.com
中煤（北京）印务有限公司印刷　各地新华书店经销
成品尺寸：170mm×230mm　16 开　12 印张　182 000 字
2024 年 8 月第 1 版　2024 年 8 月北京第 1 次印刷
定价：36.00 元
ISBN 978-7-5223-2982-6
（图书出现印装问题，本社负责调换，电话：010-88190548）
本社质量投诉电话：010-88190744
打击盗版举报热线：010-88191661　QQ：2242791300

《期货交易者教育系列丛书》
编委会

前　言

我国期货市场经过30多年发展，经历了从无到有、从小到大、从乱到治，走出了一条独具特色的道路，取得了令人瞩目的成就。30多年来，期货市场的规则体系不断完善，品种创新有序推进，风险管理工具进一步丰富，对外开放进程明显加快。期货市场的规模稳步扩大，市场交易者结构逐步优化，资产管理和风险管理等创新业务探索取得初步成效。期货市场整体运行质量和效率不断提高，发现价格、管理风险和配置资源的基础功能得到发挥，在服务实体经济、促进产业升级、助力乡村振兴和维护国家经济金融安全等方面发挥着越来越重要的作用。

随着我国期货市场规模的不断发展壮大，新的市场参与者特别是个人交易者数量呈持续上升趋势。交易者是期货市场的重要主体，期货市场的发展离不开交易者的积极参与。中小投资者是我国现阶段资本市场的主要参与群体，但处于信息弱势地位，抗风险能力和自我保护能力较弱，合法权益容易受到侵害。维护中小投资者合法权益是证券期货监管工作的重中之重，关系广大人民群众的切身利益，是资本市场持续健康发展的基础。因此，当前我国期货市场正处于快速发展时期，做好期货交易者教育工作意义深远。

2013年，《国务院办公厅关于进一步加强资本市场中小投资者合法权益保护工作的意见》（以下简称《意见》）发布，指出要强化中小投资者教育，加大普及证券期货知识力度。将投资者教育逐步纳入国民教育体系，有条件的地区可以先行试点。充分发挥媒体的舆论引导和宣传教育功能。证券期货经营机构应当承担各项产品和服务的投资者教育义务，保障费用支出和人员配备，将投资者教育纳入各业务环节。提高投资者风险防范意识。自律组织应当强化投资者教育功能，健全会员投资者教育服务自律规则。中小投资者应当树立理性投资意识，依法行使权利和履行义务，养成良好投资习惯，不听信传言，不盲目跟风，提高风险防范意识和自我保护能力。2019 年 3 月，中国证监会、教育部联合印发了《关于加强证券期货知识普及教育的合作备忘录》（以下简称《合作备忘录》），旨在学校教育中大力普及证券期货知识，推动全社会树立理性投资意识，提升国民投资理财素质，维护社会和谐稳定。2022 年 8 月 1 日，《期货和衍生品法》正式施行，确立了期货交易者权益保护制度。

随着《意见》的深入贯彻和落实，我国中小投资者保护工作取得了积极成效，围绕期货交易者教育工作，期货市场的监管部门、自律组织与中介机构都深入进行了大量形式多样、内容丰富、卓有成效的工作。由中国期货业协会（以下简称“协会”）组织编写的本套《期货交易者教育系列丛书》，就是协会按照行政监管部门统一部署，贯彻落实期货交易者教育工作的重要措施之一，也是协会积极响应《关于加强证券期货知识普及教育的合作备忘录》要求，推动期货知识进校园、进课堂、纳入国民教育体系的切入点。本丛书是为期货交易者编写的一套普及性读物，以广大普通交易者为服务对象，兼顾了专业机构的需求，采取简单明了的问答体例，在语言上力争做到深入浅出、通俗易懂、可读性强。衷心地希望本丛书的出版能够为期货交易者了解期货市场、树立风险意识、理性参与期货交易提供有益的帮助。

在此，我们对所有在本丛书编写和出版过程中付出辛勤劳动的朋友表示衷心感谢。由于编写时间紧迫，书中错误和疏漏在所难免，恳请读者批评指正。

中国期货业协会

2024 年 8 月

目 录

第一章

认识线型低密度聚乙烯、聚丙烯和聚氯乙烯

本章要点

与非石化产品不同，线型低密度聚乙烯（LLDPE）、聚丙烯及聚氯乙烯属于石化中间体，大多数投资者对这一领域了解甚少。因此，本章专门介绍线型低密度聚乙烯、聚丙烯及聚氯乙烯的概念、基本知识、用途、生产工艺、流通方式以及国内外市场情况。

一、什么是线型低密度聚乙烯？

生活中，我们习惯把聚乙烯、聚丙烯以及聚氯乙烯等统称为“塑料”，并不进行单独区分，这个习惯叫法甚至使我们忘却了它们各自准确的称谓。谈及塑料，大家或许都比较熟悉，它与金属有许多相同之处，都是现代生活

中重要的工业原材料。塑料为我们提供了丰富的生活用品，如家用电器、计算机及配件、外卖盒子、包装袋、瓶子等。

但实际上，塑料大家族里分支众多，下面我们先介绍线型低密度聚乙烯，它是聚乙烯中的一种产品。聚乙烯（Polyethylene，PE）是乙烯单体经聚合反应制得的一种热塑性树脂，在工业上，还包括乙烯与少量α-烯烃的共聚物。聚乙烯无臭、无毒，手感似蜡，具有优良的耐低温性能（使用温度为-100℃~70℃）。聚乙烯化学稳定性好，因聚合物分子内通过“碳—碳”单键相连，能耐受大多数酸碱的侵蚀（不耐受具有氧化性质的酸）。常温下，聚乙烯不溶于一般溶剂，吸水性弱，电绝缘性优良。聚乙烯主要包括三大类：低密度聚乙烯（LDPE）、高密度聚乙烯（HDPE）和线型低密度聚乙烯（LLDPE）。聚乙烯、聚丙烯、聚氯乙烯、聚苯乙烯、ABS（丙烯腈-苯乙烯-丁二烯共聚物，ABS是Acrylonitrile Butadiene Styrene的首字母缩写）这五大通用树脂，构成了合成树脂行业的主体产品。

线型低密度聚乙烯（Linear Low Density Polyethylene，LLDPE），是乙烯与少量高级α-烯烃（如丁烯-1、辛烯-1、四甲基戊烯-1等）在催化剂作用下，经高压或低压聚合而成的一种共聚物，无毒、无味、无臭，呈乳白色颗粒。与低密度聚乙烯（LDPE）相比，线型低密度聚乙烯具有强度高、韧性好、刚性强、耐热、耐寒等优点，还具有良好的耐环境应力开裂、耐撕裂强度等性能，并耐酸、碱、有机溶剂等。

二、线型低密度聚乙烯主要是用来做什么的？

线型低密度聚乙烯已渗透到聚乙烯的大多数传统市场。目前，80%的线型低密度聚乙烯用于制作薄膜，12%用于茂金属①。其中，在薄膜消费领域中，包装膜所占比重最大，约占70%，农膜约占30%。实际上，在我们的

① 茂金属，是过渡金属与环戊二烯相连所形成的有机金属配位化合物。

生活中，线型低密度聚乙烯被广泛用于制作各种产品。首先，线型低密度聚乙烯是重要的包装材料，适用于各种商业和工业产品，比如食品包装袋、农用地膜、淡水养殖塑料网、吹塑薄膜等。另外，很多家用物品，如垃圾袋、塑料桶、玩具等都可能是由线型低密度聚乙烯制成的。其次，线型低密度聚乙烯在终端消费上还被用于建筑材料、电子设备、交通设备、医疗设备、服装业、体育运动设备等。

三、线型低密度聚乙烯的生产过程很复杂吗？

近年来，随着我国化工行业的飞速发展，很多之前难以普及的装置技术得到开发。从生产流程看，原油、煤炭、乙烷、甲醇以及乙烯，都是线型低密度聚乙烯的主要上游原料，它们的价格波动将直接影响聚乙烯（PE）的价格，也会影响线型低密度聚乙烯的价格。这种影响作用主要由成本驱动。

线型低密度聚乙烯的生产方法主要有煤制、甲醇制、原油裂解、由乙烯生产、乙烷裂解等。

煤制（占总量的18.3%）：使用煤炭作为原料，通过煤化工技术生产线型低密度聚乙烯。先将煤进行气化使其转化为合成气，然后经过一系列的化学反应形成乙烯，最后，将乙烯进行聚合反应生成线型低密度聚乙烯（见图1－1）。这种方法投资大、技术要求高，但是考虑到我国煤炭资源丰富，若控制好环保问题，这种生产方法将有很大的发展潜力。

甲醇制（占总量的1.12%）：先经过一系列反应，将甲醇转化为合成气，然后将合成气转化为乙烯，最后，让乙烯进行聚合反应生成线型低密度聚乙烯。这种方式的技术要求稍低，但转化效率不高，主要用于天然气资源及煤炭资源丰富的地方。

原油裂解（占总量的63.77%）：通过石油裂解技术，原油可以裂解成乙烯和其他烃类产品，然后进一步通过聚合反应生成线型低密度聚乙烯。这是目前最常见的生产线型低密度聚乙烯的方式，效率高，且产品质量好。

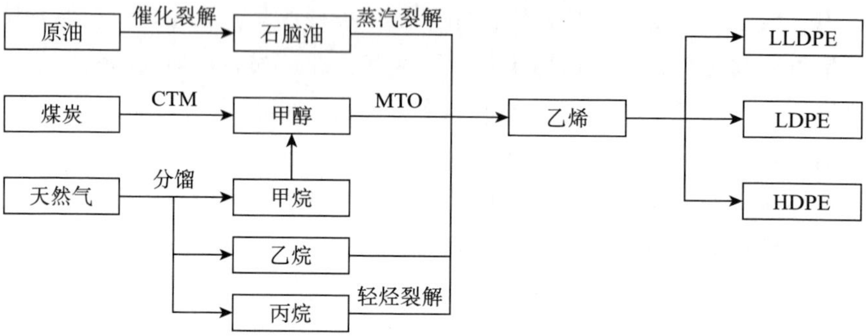

图 1－1　线型低密度聚乙烯生产流程

资料来源：广发期货根据公开的媒体资料整理。

由乙烯生产（占总量的 0.42%）：乙烯是生产线型低密度聚乙烯的直接原料，可以由上述几种途径生产，然后通过聚合反应生成线型低密度聚乙烯。

乙烷裂解（占总量的 16.66%）：该方法是通过乙烷裂解技术生产乙烯，再聚合生成线型低密度聚乙烯。这种方式对设备和技术要求高，但因为乙烷资源丰富且价格相对便宜，所以该方法具有一定的经济效益。

四、线型低密度聚乙烯的流通方式与价格变动有何特点?

一般来说，线型低密度聚乙烯主要通过以下几种方式流通：从生产厂家直接销售给用户；通过分销商或者经销商进行批发和零售；通过商品交易所进行交易。互联网的兴起使线上交易和采购变得越来越普遍。我国线型低密度聚乙烯生产主要集中在三大石化集团（我们常说的“三桶油”），且建立了各自的分销体系。由于供给集中，国内石化企业在线型低密度聚乙烯市场价格方面有较强的影响力。中国石油化工集团公司（SINOPEC）是国内目前最大的化工公司，拥有多家分公司和子公司负责线型低密度聚乙烯的生产，其中包括扬子石化、齐鲁石化、燕山石化等；中国石油天然气集团公司（CNPC）作为中国最大的石油公司，旗下的大庆石化、吉林石化、兰州石化等公司均进行线型低密度聚乙烯的生产；中国海洋石油总公司（CNOOC）旗下的海洋石化也是线型低密度聚乙烯生产者之一。虽然“三桶油”可以通过销售政策和调节库存来影响市场，但对线型低密度聚乙烯的价格不具备绝对影响力。除了需求之外，线型低密度聚乙烯的价格还会受进口原材料的冲击以及贸易商库存水平的影响。如果贸易商库存水平偏低，三大集团影响价格的能力就会上升；反之，若贸易商库存水平较高，则三大集团影响价格的能力将会下降。随着国内大炼化装置投产的进一步增加，国内聚乙烯市场基本上处于完全竞争状态，随着电商和期货交易的普及，寡头影响力大幅下降。

五、国际市场线型低密度聚乙烯销售体系及定价方法是怎样的？

线型低密度聚乙烯的国际销售体系和定价方法相当复杂，因为其涉及各种因素，如区域供需情况、上游石油和乙烯价格、政策法规、运输成本、汇率、市场竞争格局及贸易关系等。从流通方式来看，线型低密度聚乙烯的生产商通常会有专门的销售团队或部门来负责产品的销售工作。此外，销售商和经销商在整个分销系统中也发挥着重要作用。这些经销商可能是专门从事化工产品销售的公司，也可能是跨行业的贸易公司。另外，在线型低密度聚乙烯的全球贸易中，一些大型跨国企业和专业化工贸易公司也发挥着重要的作用。例如，埃克森美孚、荷兰皇家壳牌、巴斯夫等企业作为全球最大的化工公司，在全球有庞大的线型低密度聚乙烯销售网络。

常见的定价方式，一是从国际贸易定价模式看，线型低密度聚乙烯的价格通常由生产商和买家谈判来确定。考虑的因素包括原材料价格（尤其是乙烯价格）、运输和仓储成本、关税和税款、货源市场及需求等。在某些交易市场中，供求双方可能会进行协商来确定价格，进行远期交易。二是公式定价，也就是根据乙烯或原油等原料的价格变动来调整线型低密度聚乙烯的价格。国外生产厂家根据亚洲地区的供需状况发布到我国港口的 CIF 报价（即“成本 + 保险费 + 运费”的报价）。在我国线型低密度聚乙烯市场中，国内贸易企业通常处于弱势一方，并无太多的谈判能力。

六、国内线型低密度聚乙烯销售体系及定价方法有何特点?

国内生产企业大多通过销售公司和分公司来实现线型低密度聚乙烯产品的销售。目前，线型低密度聚乙烯产品大约有 80% 是分销，20% 是直销。比如，在中石化销售公司与国内的终端用户之间就存在大量的经销商和贸易商。价格由销售公司总部制定，采取和经销商买断的形式。贸易商在市场上的售价与中石化无关，款到发货，月底结算，多退少补。为了避免产品从消费地流向生产地，通常，消费量大的地区定价相对较高。

七、全球线型低密度聚乙烯的生产、消费和贸易状况如何?

根据机构测算，未来的 5 年仍是全球聚乙烯产能增长的扩展期，预计 2024—2028 年全球聚乙烯扩能计划涉及产能 5496.2 万吨/年。其中，中国预计扩能 2487 万吨/年，是全球扩能最大的国家；全球其他国家及地区预计扩能 3009.2 万吨/年。图 1-2 为全球聚烯烃贸易大致流向示意图。从未来 5 年投产计划来看，2024 年较为集中，新增产能 1528.1 万吨/年。截至 2023 年，全球聚乙烯产能 15438.1 万吨，产能增速降至 0.78%，年内新增产能为 473.4 万吨（见图 1-3）。从投产区域来看，新产能主要集中在中国、越南，占比分别为 54.9% 和 20.1%。未来 5 年，全球线型低密度聚乙烯产能开始大幅增加。就产能增长而言，中东的产能将增长迅速，但这些新产能的影响在一段时间内不会得到充分反映。中国是全世界最有可能的目标市场，而欧洲可能是另一个目标市场，新项目主要集中在中国、印度和韩国，中国将继续成为线型低密度聚乙烯发展力量的源泉，线型低密度聚乙烯已达到创纪录的生产能力。而国内线型低密度聚乙烯的生产能力和产量目前主要集中在华东和华南、华北等地。全球聚乙烯产能变化见图 1－2。

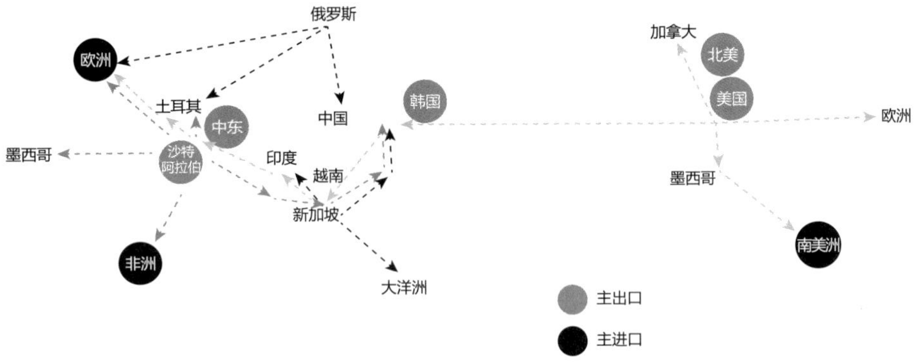

图 1－2　全球聚烯烃贸易大致流向示意图

资料来源：隆众资讯，由广发期货整理。

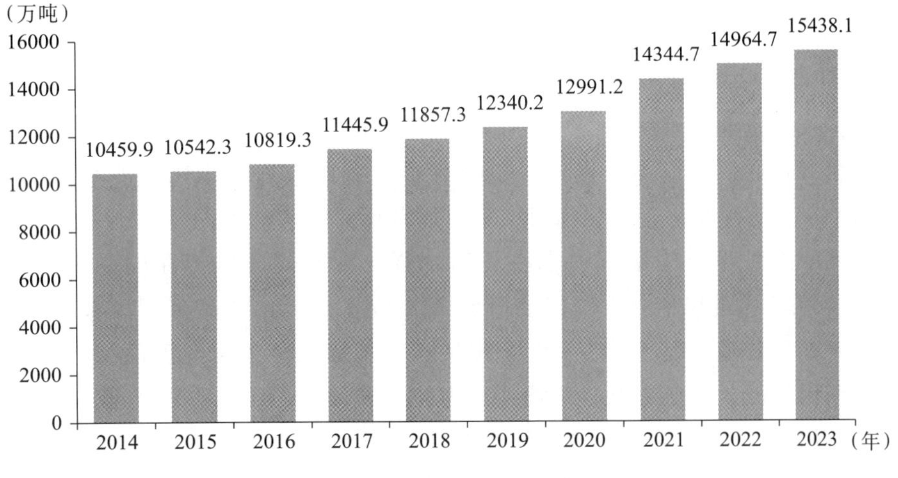

图 1－3　全球聚乙烯产能变化情况

资料来源：隆众资讯，由广发期货整理。

线型低密度聚乙烯产品的下游领域多属于一次性消费品，刚性需求相对稳定。随着生活水平的逐渐提升，人们对高端产品的需求也将逐步增加，全球线型低密度聚乙烯产品消费量稳步增长。据机构统计，预计2024—2028年全球线型低密度聚乙烯产品下游主要消费量在1.6亿吨左右。从地区看，消费地区以亚洲、北美和欧洲为主。北美和欧洲地区由于其经济发达和消费能力强，产品质量要求高，而下游工厂数量不多，今后聚乙烯产品需求量也会呈不断上升趋势。亚太地区为第一大需求地，因亚太地区人口众多、劳动力集中、制造业发达，聚乙烯产品需求量将呈稳定增长态势。东南亚、南亚、中东及中国的经济快速发展，为亚太地区对聚乙烯的需求增长提供重要的条件。中国因人口占比最大而成为全球消费体量第一大国和亚太地区资源输入地。

八、我国线型低密度聚乙烯生产、消费和贸易状况如何?

从大类来看，2019—2023年中国聚乙烯产能稳步增长，复合增长率为13.31%。自2019年开始，民营企业日益兴起，聚乙烯进入新一轮的集中扩能期，代表企业有万华化学、浙江石化和恒力石化等，聚乙烯原料更加多元化，地方企业话语权不断提升。2019年后，我国进入大炼化扩能时代（见图1-4）。随着炼化一体化项目的推进以及产业结构的不断优化升级，我国聚乙烯产能对市场的影响力也在不断加强，聚乙烯进口依存度逐步下降，2023年聚乙烯进口依存度可能会降到32%左右。国内线型低密度聚乙烯产能及表观消费量情况见图1-5及图1-6。从国内整体行业产品结构来看，虽然专用料占比有所提升，但通用料占比依旧偏大，且同质化严重，企业竞争日益加剧。2023年聚乙烯新增产能共计260万吨，其中，线型低密度聚乙烯产能新增70万吨。2023年中国聚乙烯产能共计3241万吨，较2022年增幅为8.72%。其中，线型低密度聚乙烯产能1266万吨，其产量占总量的42.22%。

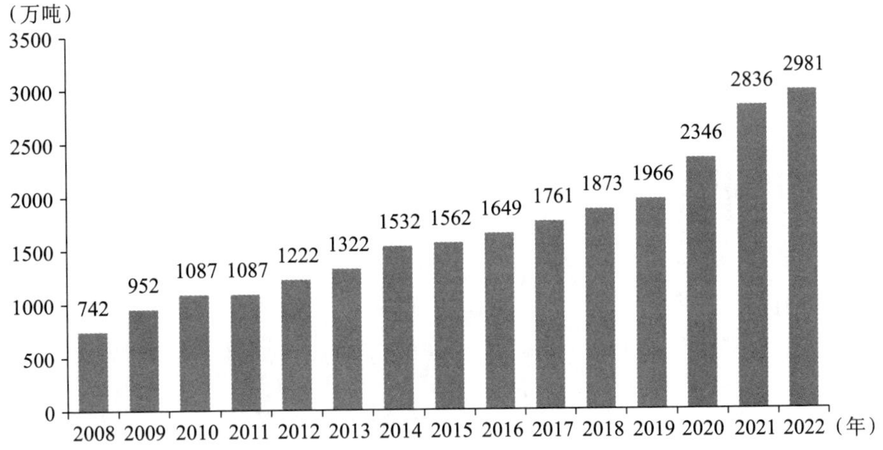

图 1－4　国内聚乙烯产能变化情况

资料来源：隆众资讯，由广发期货整理。

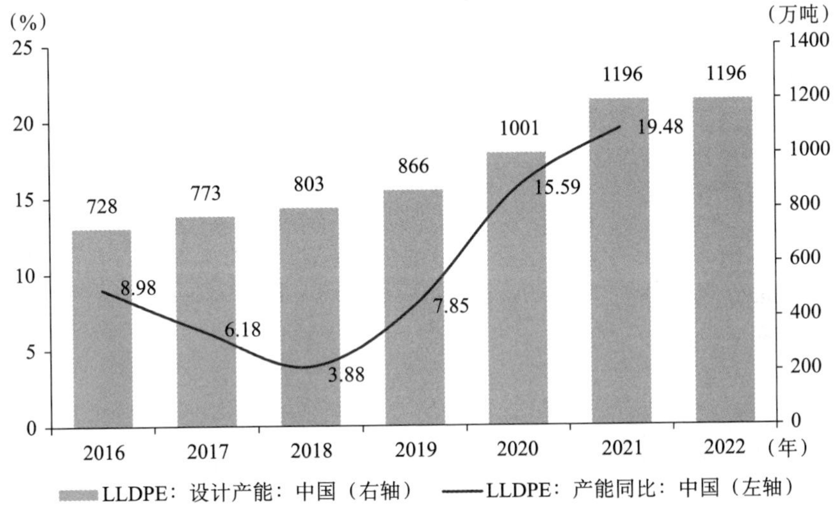

图 1－5　国内线型低密度聚乙烯产能变化情况

资料来源：隆众资讯，由广发期货整理。

我国线型低密度聚乙烯产能呈现南轻北重局面。华南地区产能占总产能的 13. 98%，东北地区产能占总产能的 14. 53%，华东地区占 35. 05%，华北地区占 8. 69%，西北地区占 22. 7%。从进口端看，由于国内市场供应扩张

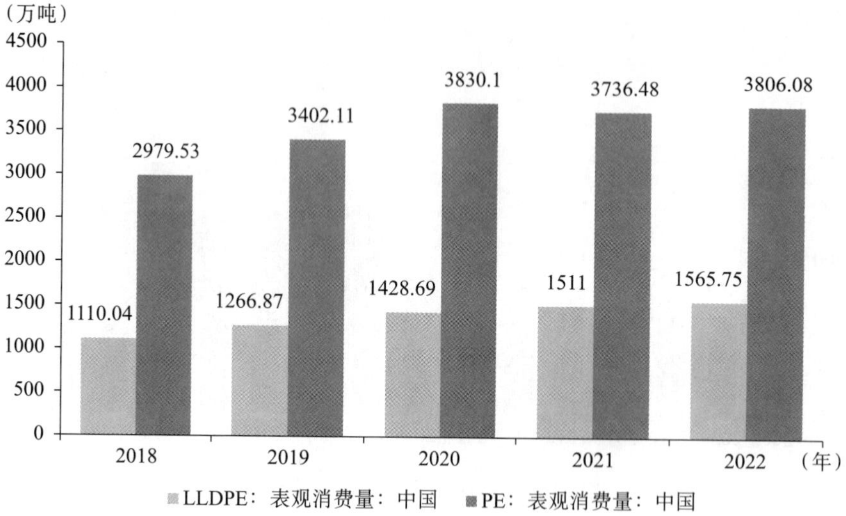

图 1－6　国内线型低密度聚乙烯表观消费量情况

资料来源：隆众资讯，由广发期货整理。

加快，国内产能增量弥补了对外依存缺口，近年来，我国线型低密度聚乙烯进口总体呈现下降的趋势。从海关数据看，线型低密度聚乙烯的进口来源为：一是产能较大的地区，比如中东、北美，有较大的产能，才存在有产能可卖的条件；二是供大于求的区域，只有供大于求的区域才能形成大量出口的条件，当然，也要考虑运输距离和费用的问题。2020 年，我国进口线型低密度聚乙烯 605 万吨，这一数字在 2023 年下降到了约 544 万吨。

九、我国线型低密度聚乙烯生产集中度高吗？

我国的线型低密度聚乙烯行业整体上呈现生产企业众多但产业集中度较低的局面。近些年，以中石油、中石化、中海油为核心的企业不断扩张产能，产业集中度呈现上升的趋势，同时企业也在逐渐提升产品质量和品牌知名度，以增强竞争力。然而，鉴于市场竞争的激烈程度，企业必须持续提升技术实力和研发能力，并不断创新，才能满足市场需求。国内主要聚乙烯生产企业情况见表1－1。

表1－1　　国内主要聚乙烯生产企业

排名	企业名称	工艺路线	产能（万吨）
1	浙江石油化工有限公司	油制聚乙烯装置	225
2	宁夏宝丰能源集团股份有限公司	煤制聚乙烯装置	125
3	中海壳牌石油化工有限公司	油制聚乙烯装置	121
4	中国石油天然气股份有限公司广东石化分公司	油制聚乙烯装置	120
5	中国石油天然气股份有限公司大庆石化分公司	油制聚乙烯装置	113.5
6	中国石油天然气股份有限公司独山子石化分公司	油制聚乙烯装置	113
7	中国石油化工股份有限公司茂名分公司	油制聚乙烯装置	93
8	中韩（武汉）石油化工有限公司	油制聚乙烯装置	90
9	福建联合石油化工有限公司	油制聚乙烯装置	90
10	中国石油天然气股份有限公司抚顺石化分公司	油制聚乙烯装置	88
11	中国石油化工股份有限公司镇海炼化分公司	油制聚乙烯装置	80
12	宝来利安德巴赛尔石化有限公司	轻烃制聚乙烯装置	80
13	连云港石化有限公司	轻烃制聚乙烯装置	80
14	中石油兰州石化榆林化工有限公司	轻烃制聚乙烯装置	80
15	万华化学集团石化销售有限公司	轻烃制聚乙烯装置	80

注：企业排名按照装置产能规模排序，因篇幅有限，此处选取了产能在80万吨以上的企业。
资料来源：隆众资讯，由广发期货整理。

十、国内线型低密度聚乙烯消费主要集中在哪些区域？

我国线型低密度聚乙烯消费具有明显的地域性，主要集中在：以辽宁、河北、山东、北京、天津等省市形成的环渤海湾消费区；以安徽、江苏、浙江、上海等省市形成的长三角消费区；以广东省等形成的珠三角消费区。线型低密度聚乙烯的消费量呈南北并进之势，南部略大。华东地区是国内第一大消费市场，消费量占市场份额的35%左右，下游消费领域以薄膜、注塑和中空为主；华南地区是我国第二大消费市场，消费量约占市场份额的25%。其中，华东地区占据首要位置，消费量占比高达约35%，是国内最大的塑料消费市场。在华东地区，线型低密度聚乙烯的主要下游消费领域包括薄膜、注塑及中空制品，服务于广泛的包装、制造业及日用品需求。紧随其后的是华南地区，作为全国第二大的塑料消费市场，其消费比例约为25%。华南市场的核心下游需求集中于中空和注塑塑料制品，支撑着该地区蓬勃发展的电子、家电及包装行业。华北地区则占据了约20%的市场份额，其塑料制品消费以薄膜和管材制品为主，这些产品在当地的农业覆盖、基础设施建设及工业输送系统中扮演着关键角色。相比之下，其他区域的塑料市场需求比重近年来相对稳定，变化不大，各具特色，但总量上未显著撼动前三个区域的主导地位。

十一、线型低密度聚乙烯、聚丙烯和聚氯乙烯投资者还应该了解哪些信息?

实际上，聚烯烃产业链的联动性趋于一致。我们把关键点放在本书开头来讲，方便大家后续对线型低密度聚乙烯、聚丙烯和聚氯乙烯价格波动的影响因素有更深的了解。首先，经济增长是决定着商品走势的大环境。不管是线型低密度聚乙烯还是聚丙烯或者聚氯乙烯，这些都属于工业原材料，其需求的增长与国内生产总值（GDP）增长正相关。其次，商品自身的供需情况决定了其在大环境里能攀升的高度，过于宽松的供求状况对行情发展形成一种制约，而供求偏紧则有助涨的作用。最后，期货市场的投机力量、客户结构也值得我们关注。

线型低密度聚乙烯、聚丙烯和聚氯乙烯期货近年来的波动性较大，对投机资金颇具吸引力，因此，在某些阶段，除了基本面和宏观面的状况外，市场的投机力量对价格推波助澜的作用不可小觑。

因此，要了解线型低密度聚乙烯、聚丙烯及聚氯乙烯盘面波动驱动因素，则必须要了解宏观经济形势和政策动向及行业的供应、需求、进出口、开工率、库存、盈利状况、季节性变动、行业政策等。包括线型低密度聚乙烯、聚丙烯和聚氯乙烯在内的期货品种经过多年发展已经是衍生品市场的成熟品种，资本市场的运行规律对其有重大影响。

十二、有哪些产业政策会对线型低密度聚乙烯期货产生影响?

相关产业政策必将对我国线型低密度聚乙烯的供需格局产生影响，进而对期货市场价格产生影响。在通常情况下，期货市场对相关政策的反应较为敏感。行业的不断发展，促使原有的产业政策必须进行相应调整，或者需要推出新的产业政策。政策的出台和调整涉及的范围可能很广，这里主要对近几年的相关产业政策进行梳理。

（一）产业政策

2022 年，工业和信息化部、国家发展和改革委员会、科学技术部、生态环境部、应急管理部、国家能源局联合印发《关于“十四五”推动石化化工行业高质量发展的指导意见》，提出到 2025 年我国石化化工行业基本形成自主创新能力强、结构布局合理、绿色安全低碳的高质量发展格局。农业农村部印发《2022 年地膜科学使用回收试点技术指导意见》，向各地推广加厚高强度地膜 5000 万亩、全生物降解地膜 500 万亩，从源头减量、使用管理和末端回收全过程一体推进，系统解决传统地膜回收难、替代成本高问题。国务院印发《“十四五”节能减排综合工作方案》，要求完善实施能源消费强度和总量双控、主要污染物排放总量控制制度，组织实施节能减排重点工程，进一步健全节能减排政策机制，推动能源利用效率大幅提高、主要污染物排放总量持续减少。可见，产业政策对线型低密度聚乙烯的生产和消费都有明显的影响，预计今后一段时间，膜料消费下降将增加供需平衡表累库的压力。

（二）税收政策

2019 年，财政部将制造业等行业 16% 的税率降到 13%，将交通运输业、建筑业等行业 10% 的税率降到 9%，确保主要行业税负明显降低。此前，聚烯烃下游企业已陷入相对低迷局面，增值税下调或利于激发市场趋向活跃。这在资金层面保障了市场参与积极性。另外，在政策端回暖的情况下，聚乙烯下游消费也出现了利好预期。这些对于线型低密度聚乙烯整体库存去化都有明显帮助。同时，增值税减少，会进一步提高聚烯烃市场参与活跃度。由于线型低密度聚乙烯期货价格波动对现货市场具有很强的引导作用，减税后上下游盈利水平进一步提升，对企业参与期货市场是较为有利的。

（三）进出口关税政策

作为保护民族工业的一种重要手段，进出口关税水平及其变化都会对线型低密度聚乙烯的价格产生影响。关税的存在能够在一定水平上改变商品成本，进而影响销售数量。例如，进口关税较高，一方面提高了进口商品的成本；另一方面，还起到减少国内总供应的作用。两种作用的叠加，对国内市场价格构成支撑。与此相反，出口关税的存在，相应地提高了出口商品的销售成本，而成本的上升也会起到抑制出口的作用，并进而对国内的供需平衡状况产生影响，给价格带来向下的压力。

十三、我国推出聚烯烃期货的意义是什么？

不管是线型低密度聚乙烯、聚丙烯还是聚氯乙烯，都我国是石化产业链中重要的产品，是合成树脂制品的基础原料，在我国化工产业中占有重要地位。随着我国经济的不断发展，相关品种的消费量还将不断增长。作为全球最大的线型低密度聚乙烯、聚丙烯和聚氯乙烯贸易国，我国逐步上市及完善产业链相关期货品种后，对上下游企业经营、相关产业发展、争取国际定价话语权、建设统一大市场等都具有重要的意义。

目前，国内进口线型低密度聚乙烯和聚丙烯的定价方式是，国外生产厂家根据亚洲地区的供需状况，提供到我国港口的（CIF）报价（成本加保险费加运费的报价）。大多数情况下，国内企业只能被动接受这个报价，并无太大的议价能力。此外，国际上还没有形成具有影响力的线型低密度聚乙烯和聚丙烯定价中心。因此，大连商品交易所这两个聚烯烃期货品种将有望成为“中国价格”风向标，进而对亚洲乃至全球定价产生影响。

线型低密度聚乙烯和聚丙烯期货还为相关生产商、中间贸易商、下游加工企业和最终消费者提供了一种避险的工具。近些年，随着期现联动市场建设的不断成熟，线型低密度聚乙烯和聚丙烯的上下游企业在采购和销售时已经把基差交易纳入了主要的交易体系中。在期现操作过程中，通过组合、优化手段，企业可以取得减少对抗稳定合作关系的效果，所以越来越多的企业陆续从传统的套期保值向期现结合操作转型。截至目前，全球范围内，我国大连商品交易所（DCE）推出了聚乙烯（线型低密度聚乙烯）和聚丙烯期货合约。其他国家的期货交易所曾经推出过相关的期货合约，但由于参与度不高，后期基本无成交，导致合约下架。考虑到聚烯烃在国际市场上的重要性，未来可能会有其他交易所推出相关的期货产品。

十四、什么是聚丙烯？

前面的章节里，我们详细介绍了聚烯烃家族中的线型低密度聚乙烯，接下来我们将带大家简单了解一下聚丙烯期货。首先，我们要知道，聚丙烯和线型低密度聚乙烯，还有聚氯乙烯是有一定差异性的。线型低密度聚乙烯是用乙烯生产的，而聚丙烯（Polypropylene）主要是丙烯通过加聚反应生成的聚合物。聚丙烯是白色蜡状材料，外观透明，比较轻；化学式为 $(C_3H_6)_n$，密度为0.89～0.91g/cm^3；易燃，熔点为164～170℃，聚丙烯在155℃左右软化，使用温度范围为-30～140℃。与线型低密度聚乙烯、聚氯乙烯类似，聚丙烯是一种性能优良的热塑性合成树脂，为无色半透明的热塑性轻质通用塑料，具有耐化学性、耐热性、电绝缘性、高强度机械性能和良好的高耐磨加工性能等，广泛应用于服装、毛毯等纤维制品，以及医疗器械、汽车、自行车、零件、输送管道、化工容器等产品，也被用于食品、药品包装。

十五、您知道聚丙烯主要是用来做什么的吗？

与聚乙烯和聚氯乙烯类似，作为合成树脂家族中的一员，聚丙烯（PP）的耐用性强，在下游产品中应用广泛。首先，与线型低密度聚乙烯比较类似的是，聚丙烯广泛应用于包装材料领域，因其具有耐磨损、耐腐蚀的特性，所以常被用作包装袋、塑料薄膜、瓶子和容器等包装材料；其次，它可以用于制造汽车内外饰及零件，例如保险杠、汽车门内饰板、灯具等。另外，聚丙烯还能加工成各种容器，例如食品容器、医疗用品、储物箱等。聚丙烯在房地产领域的消费量非常大，主要用作管道系统建设。在建筑行业，聚丙烯管经常被用于排水系统、冷热水系统等。此外，在纺织和家电、家具等领域，聚丙烯常用于制造绳索、地毯、防护服、不织布等产品，不少小电器的外壳、户外家具和儿童玩具等也是由聚丙烯制造的。

十六、聚丙烯的生产过程很复杂吗？

与线型低密度聚乙烯有些不同，聚丙烯的制造工艺主要采用了不同的技术路线，由原油、煤炭、甲醇、丙烷、乙烷等通过不同的技术路线最终转化为丙烯，然后再制造为成品。首先是原油技术路线，这也是目前占聚丙烯总产能最大的路线（占聚丙烯总产能的55.57%）。原油是制造聚丙烯的主要原料来源。原油经过提炼和分馏过程，先生成石蜡和重质油等石油产品；然后，通过裂解过程将这些产品裂解成丙烯和其他小分子烃；最后，将丙烯聚合形成聚丙烯（见图1－7）。

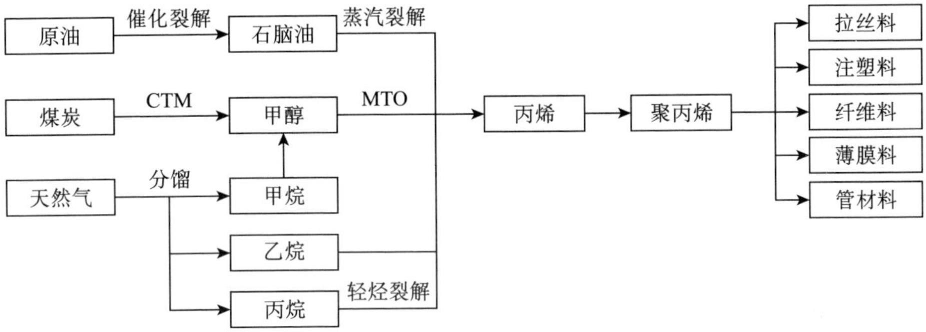

图1－7　聚丙烯生产流程

资料来源：广发期货根据公开的媒体资料整理。

另一条技术路线是煤制聚丙烯工艺，占聚丙烯产能总量的20.04%。煤炭也可用于制造聚丙烯，但需要先转化为丙烯。煤炭气化是实现这一目标的关键技术，它将煤炭转化为合成气（氢气和一氧化碳的混合物）；然后将合成气转化（如二氧化碳氢化法或费托合成法）为丙烯；最后将丙烯再通过聚合反应生成聚丙烯。占聚丙烯产能总量排名第三的装置工艺是丙烷裂解（占聚丙烯总产能的16.09%）。丙烷可以通过去氢裂化（Propane Dehydrogenation，PDH）工艺转化为丙烯。在这个过程中，丙烷在催化剂的作用下去除氢气，形成丙烯。产生的丙烯再经过聚合反应生产聚丙烯。

甲醇和外采丙烯也是生产聚丙烯主要的工艺线路，其在总产能中占比均为4.15%。首先是甲醇制聚丙烯。甲醇通过MTO（Methanol－to－Olefins，甲醇制烯烃）工艺转化为低碳烯烃（主要是丙烯和乙烯）。然后，丙烯进行聚合反应生成聚丙烯。其次是外采丙烯制聚丙烯。因为丙烯是聚丙烯的直接原料，所以直接外采丙烯就可以进入聚合阶段生成聚丙烯。常用的聚丙烯生产工艺有气相法、浆液法和溶液法，气相法在工业应用中最为常见。需要注意的是，丙烯原料在运输过程中存在较多不确定性，因此其流通范围通常比较有限。

十七、聚丙烯的流通方式与价格变动有何特点？

与线型低密度聚乙烯类似，我国聚丙烯生产主要集中在以“三桶油”为核心的石化集团，而且，各石化集团建立了各自的分销体系。因为聚丙烯结构性过剩的压力比较大，所以包括核心企业在内的贸易方式、定价方式、流通方式正在改变。新互联网尤其是电商平台的崛起，开启了聚丙烯期货交割等新模式，对传统塑料产业的整体流通产生了巨大冲击。在采购上，聚丙烯直接上游原料是丙烯，粒料丙烯大部分来源于企业自供，新出现的煤制烯烃及 PDH 企业一般有自己的相关设备供应丙烯。在销售方面，聚丙烯的上下游企业进行货物流转多采用线上、线下代理相结合的模式，线下分为直销和分销两种形式。比如神华集团，其出资搭建了神华煤炭交易网，采用网上竞拍和网上挂单模式联合销售；延安炼厂和延长中煤采用网上竞拍与代理商分销相结合的模式进行销售。网上竞拍的主要目的是使顾客自由地进行竞拍，从中找到合适的价格，这对新投产的企业来说可极大地降低成本，增加销售效率。电子交易模式能够很好地迎合互联网的发展潮流，吸引更多的顾客参与其中，拓展自己的销售渠道，顾客购买也较为方便，缺点是缺少条件约束，流拍频繁。

与聚丙烯期货相结合的点价模式，近年来被广泛运用于中下游产业链，该模式很好地回避了风险。对贸易商而言，通过期货价格的指引，贸易商可以一改以往囤货赌市的格局，降低资金紧张程度，避免价格波动带来的风险，以获取合理收益；对下游工厂而言，其可预先锁定利润并把重点放在生产和销售上。除了供需对价格的影响之外，聚丙烯的销售定价还要考虑进口料和粉料的冲击，以及贸易商库存水平。如果贸易商库存水平偏低，那么上游企业影响价格的能力就会上升；反之，若贸易商库存水平较高，则生产企业影响价格的能力将会下降。

十八、国际市场上聚丙烯销售体系及定价方法是怎样的?

国际市场上的聚丙烯销售体系涉及多个环节和多种参与者。首先是上游主要的生产商。前面章节我们介绍过埃克森美孚、巴斯夫、壳牌等企业，这些公司不但生产线型低密度聚乙烯，也生产聚丙烯，是销售结构中的上游部分。中间环节则是一线和二线的交易商/经销商。这些公司专门从美孚、壳牌这些大公司处购买大量聚丙烯，负责将产品储存和销售给其他参与者。交易商和经销商有时也会进行套利，从一个市场购买聚丙烯，再在其他市场以较高的价格出售。国际市场上聚丙烯和线型低密度聚乙烯的定价方式基本没有区别，国外生产厂家根据亚洲地区的供需状况发布到我国港口的 CIF 报价(成本加保险费加运费的报价)。这个时候很多贸易商就会参考国际比较权威的市场调研和数据分析公司，如普氏、安迅思等提供的与聚丙烯市场相关的数据和分析，定期发布国际聚丙烯销售的价格；然后，进出口商就根据这些相对权威的报价来和各个下游企业进行升贴水的商谈。可见，权威市场价格定价这种模式对于交易商、投资者和生产商等都非常重要。

十九、国内聚丙烯销售体系及定价方法有何特点?

就上游企业而言，聚丙烯的贸易模式和聚乙烯（PE）、聚氯乙烯基本类似，主要分为三大流通模式：完全代理线下开单、“竞拍 + 代理（一级经销商）”和电商。这三种模式均要求企业具备一定的资质要求。中游企业主要有四类：采购国外货物的企业；以一级分销商的身份采购中石油、中石化、煤化工货物的企业；采购大贸易商的货物的企业；采购新型电商与供应链金融的货物。下游企业以美元核销的方式直接向境外提货。还有一部分是下游企业向上游企业提货，主要方式是向贸易商提货。整体上，上游贸易企业的主动权较强，中游企业重视渠道的建立。

二十、全球聚丙烯的生产、消费和贸易状况如何？

在最近的几年中，全球聚丙烯的产能和增量都在稳步增长，尽管最近两年的增长速度略有减缓，但全球聚丙烯的产能依然在稳步上升。观察国内外的产能扩张状况，我们可以看到，国内的产能增长速度在全球处于领先地位。从 2018 年到 2022 年的全球聚丙烯产能分布情况来看，东北亚和东南亚地区的聚丙烯粒料产能有显著的增长，而中东和北美地区的产能仅有少量投入，其他地区的产能则相对有限。根据卓创资讯的数据统计，2023 年全球聚丙烯产能约 11401.4 万吨/年，同比增长 6.42%，新增产能合计 510 万吨。其中，中国新增的产能达到了 440 万吨，新增产能占比 86.27%；美国新增产能 45 万吨，新增产能占比 8.82%。聚丙烯产能主要分布在亚洲地区及北美地区，大概占全球总产能的 65%。其中，东北亚、北美、中东地区的聚丙烯产品最为集中，产能主要分布在中国、美国、沙特阿拉伯。在全球聚丙烯贸易中，东北亚、东南亚和中东地区的贸易关系非常紧密。南美、北美地区的贸易关系相对独立，主要是相互出口，而欧洲地区则主要依赖北美和中东的货物供应。中国在全球的供应结构中占据领先地位，其产能所占的比例居于首位。2024 年将是全球聚丙烯产能增长最多的一年，但由于新装置投产存在诸多变数，存在投产推迟甚至搁浅的风险，预计 2025 年之后，聚丙烯投产进度将逐渐放缓。东北亚地区，以中国和韩国为代表，由于其巨大的市场需求和强大的能源基础，预计聚丙烯产能的投放将继续保持全球领先地位。东北亚聚丙烯市场将成为全球关注的重要市场，而东北亚市场的聚丙烯价格也将更具全球代表性。在全球能源扩张的大背景下，产品的升级和价格的竞争可能会逐渐成为未来聚丙烯贸易的主导趋势。2018—2022 年全球聚丙烯产能变化情况见图 1-8。

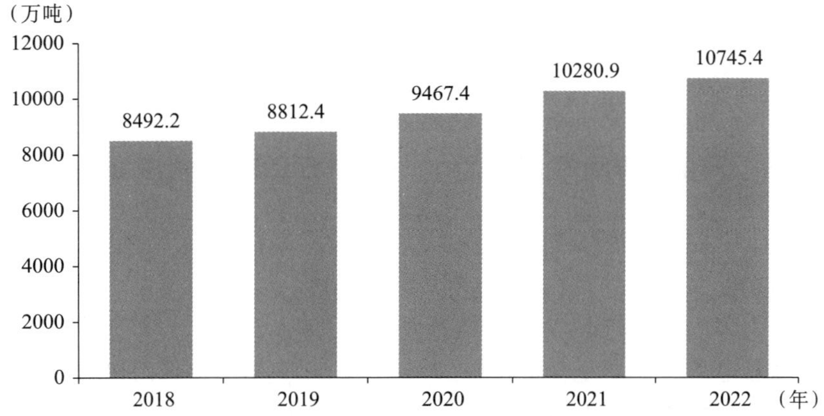

图 1-8 全球聚丙烯产能变化情况

资料来源：隆众资讯，由广发期货整理。

从全球聚丙烯的消费状况看，2022 年，全球对聚丙烯的需求增长了 1.78%，总需求量达到了 7854 万吨。目前，中国作为全球聚丙烯的主要消费国，其消费增长速度有所减缓，但它仍然是驱动全球聚丙烯需求上升的核心力量。2022 年到 2023 年，全球经济增速减缓，通货膨胀率上升，聚丙烯的消费与工农业生产和居民消费的联系更加紧密。在大环境压力的影响下，消费动力表现得相对较弱。从 2023 年聚丙烯下游的消费结构可以看出，传统的塑编行业规模有所收缩，消费明显减少。此外，透明和共聚①等新兴下游市场也呈现出阶段性疲软的状态，整体的消费增长趋势开始放缓。

从全球贸易流向看，近些年全球聚丙烯贸易格局发生了明显的变化。近年来，全球宏观周期波动进入下行阶段，聚丙烯的海外需求持续走弱，全球供需格局发生变化。原本韩国销往东南亚及南亚的货物，因当地需求乏力、接盘意愿不高，转而低价销往我国；原本从中东销往欧洲的资源，也因欧洲通胀情况的恶化，低价销往了我国。低价资源颇具价格优势，我国大多数贸易商选择接盘。因此，此轮低价资源迅速拉低了国内进口料的市场价格，导

① 聚丙烯的新型下游应用中，透明料和共聚料是两个重要的发展方向，其中透明料因其出色的透明度、耐热性和力学性能，在多个领域得到应用，包括医疗器械（如医用注射器、输液袋）、透明包装材料、微波炉炊具、一次性快餐用具、婴儿奶瓶等。共聚料凭借其在韧性、耐冲击性等方面的改进，成为注塑和改性材料的重要原料。

致国内进出口发生转变，进口窗口开启而出口窗口关闭。

二十一、我国聚丙烯的生产、消费和贸易状况如何？

从国内聚丙烯生产装置投产情况看，2019—2023 年，聚丙烯装置产能呈逐年增长趋势，产能复合增长率 13.22%。2019 年后，聚丙烯的投产进程明显加快；2020 年产能增速达 15% 以上，为近 5 年来最大增长，自给率不断提升；2022 年，俄乌冲突引发原料强势拉涨，上游企业在较长时间内持续负利润运行。同时在“双碳”政策影响下，聚丙烯生产新装置投产落地时间不断推迟。大量的装置投产除了给行业带来更多的供给压力之外，也让各生产企业在资源生产及调配方面更加谨慎。2023 年是疫情后全面放开的首年，多数延期投产装置在本年度集中投产，我国聚丙烯新增产能计划再度迎来峰值。随着产能的持续扩增，聚丙烯产量也呈逐年增长趋势（见图 1-9）。2023 年国内聚丙烯产量共计 3207.25 万吨，增幅为 8.15%，较 2022 年增长明显。

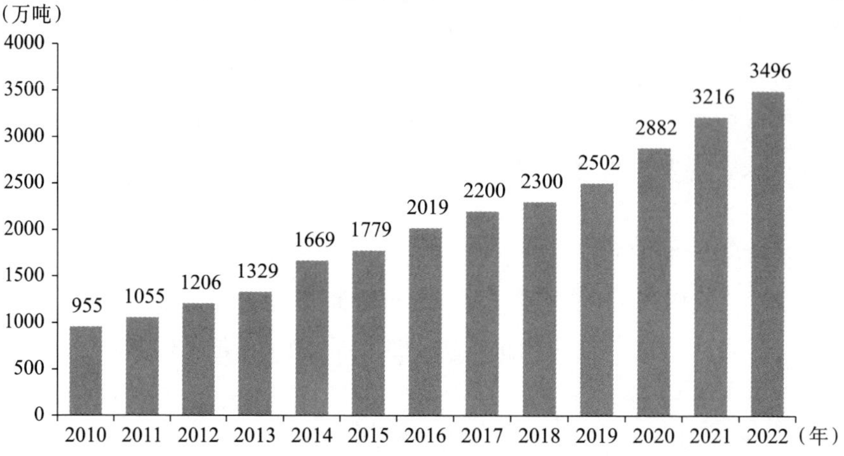

图 1-9 国内聚丙烯产能变化情况

资料来源：隆众资讯，由广发期货整理。

2010—2022 年国内聚丙烯表观消费量变化情况见图 1－10。

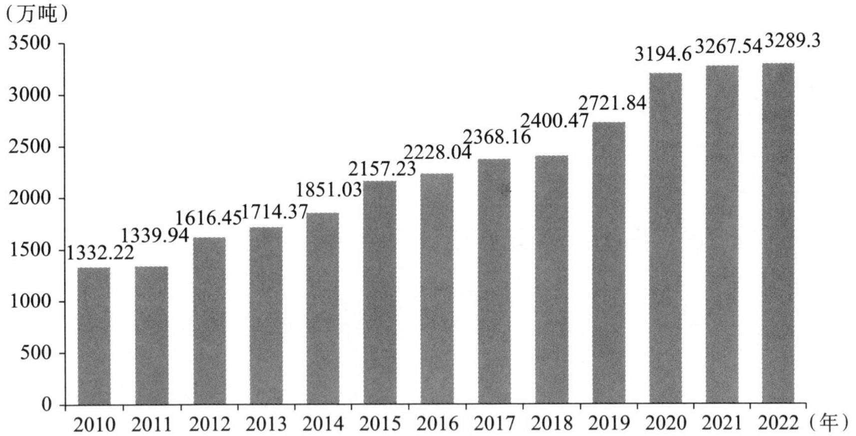

图 1－10　国内聚丙烯表观消费量变化情况

资料来源：隆众资讯，由广发期货整理。

从聚丙烯下游消费结构来看，占比较大的产品主要是拉丝、低熔共聚、均聚注塑。2023 年消费量排名前三的产品占聚丙烯消费总量的 56.33%，其中，拉丝类产品的主要应用领域为塑编、网绳、渔网等，是目前聚丙烯最大的下游应用领域，占聚丙烯总消费量的 21.67%。消费量排在第二位的是共聚注塑、BO 聚丙烯膜、均聚注塑类，分别占 2023 年聚丙烯下游消费总量的 18.57%、16.09%、13.44%。2022 年，受通胀形势制约，国内生产企业面临输入性通胀影响，企业高成本，低利润现象凸显，制约了企业的消费。2023 年，为了稳经济、促发展，国家积极出台了一系列促进消费的政策，比如新能源汽车减免购置税、家电补贴、首套房利率下调等。随着宏观经济的转暖，聚丙烯市场经过 2023—2026 年市场供需调整之后，在新增需求提振情况下，比如，潜力值消费亮点产品——茂金属聚丙烯、三高聚丙烯、发泡聚丙烯、超低灰聚丙烯等产品需求提振，市场消费前景将产生巨大变革。

从国内贸易流向看，我国聚丙烯贸易整体呈现自西向东、自北向南流动的格局，与线型低密度聚乙烯和聚氯乙烯行业基本类似。我国聚丙烯消费的主要区域也与线型低密度聚乙烯和聚氯乙烯相重合，基本上集中在长三角、珠三角和环渤海区域。除了全国性的贸易流动外，局部不同区域之间也存在着频繁的聚丙烯贸易往来。例如，西南地区的商品主要从西北和华南调入，而华东与华北、华南之间也有少量的商品流通。同样，华中地区也有华东、西南地区的贸易流动。这种跨区域的贸易流动主要由地区套利驱动，其流动量相对较小。

二十二、我国聚丙烯的生产集中度高吗？

从国内聚烯烃产能集中度看，不管是聚丙烯产能还是线型低密度聚乙烯和聚氯乙烯产能，按地理分布，基本上划分为西北、华北、华东、华南、东北、华中、西南七个区域。从聚丙烯的情况来看，近年来，产能分布呈现出新投产能向消费地区转移的趋势，西北地区产能占比不断受到压缩，2023年华南成为扩能“重灾区”，预计新增产能占比达47.2%左右，对华南地区供应形成巨大冲击。从投产省份来看，华南地区的广东、华北地区的山东的扩能分别为180万吨/年、150万吨/年，位居全国前列。国内聚丙烯生产企业产能情况见表1-2。

表1-2　国内聚丙烯生产企业产能情况

装置名称	工艺路线	产能（万吨）
福建中景石化有限公司	PDH制聚丙烯粒装置	190
浙江石油化工有限公司	油制聚丙烯粒装置	180
国家能源集团宁夏煤业有限责任公司	煤制聚丙烯粒装置	160
宁夏宝丰能源集团股份有限公司	煤制聚丙烯粒装置	160
东莞巨正源科技有限公司	PDH制聚丙烯粒装置	120
东华能源（宁波）新材料有限公司	PDH制聚丙烯粒装置	120
陕西延长中煤榆林能源化工有限公司	煤制聚丙烯粒装置	100
恒力石化（大连）有限公司	油制聚丙烯粒装置	85
埃克森美孚（惠州）化工有限公司	油制聚丙烯粒装置	85

续表

装置名称	工艺路线	产能（万吨）
中国石油化工股份有限公司镇海炼化分公司	油制聚丙烯粒装置	80
宁波金发新材料有限公司	PDH 制聚丙烯粒装置	80
中国石化海南炼油化工有限公司	油制聚丙烯粒装置	70
中韩（武汉）石油化工有限公司	油制聚丙烯粒装置	70
中海壳牌石油化工有限公司	油制聚丙烯粒装置	70
中天合创能源有限责任公司	煤制聚丙烯粒装置	70
中国石油天然气股份有限公司独山子石化分公司	油制聚丙烯粒装置	69
中国石油化工股份有限公司茂名分公司	油制聚丙烯粒装置	67
福建联合石油化工有限公司	油制聚丙烯粒装置	67
中国石油天然气股份有限公司大庆炼化分公司	油制聚丙烯粒装置	60
宝来利安德巴赛尔石化有限公司	油制聚丙烯粒装置	60

注：企业排名按照装置产能规模排序，因篇幅有限，此处选了产能规模前 20 名的企业，因为中石化、中石油、中海油等企业采用分公司统计的产能规模，所以表格中没有全部按照母公司汇总的装置规模计算。

资料来源：隆众资讯，由广发期货整理。

二十三、国内聚丙烯消费主要集中在哪些区域？

聚丙烯的下游消费与国家的经济增长有着紧密的联系。经济发达并持续快速增长的华北、华东和华南地区，一直是聚丙烯的主要消费地。2023 年，这三个区域的消费总量约占聚丙烯总消费量的 82.34%。从区域的消费量占比来看，与 2021 年相比，2022 年华南地区的消费量占比略有减少，而华东、华北、西北地区的消费占比略有上升，东北地区的消费量占比仍然偏低。华南地区作为我国塑料制品出口到东南亚等国家的重要区域，海外市场需求的减弱对其影响较大。近年来，东南亚地区塑料制品订单下降，导致华南地区的出口减少，其消费规模较华东地区有所下滑。展望未来，华东、华北和华南这三个制造业相对发达的地区将仍是我国聚丙烯的主要消费区；下游的企业将持续向专业化、大规模和集中化方向发展，这将推动区域消费的增长和升级，且进一步向新型和高端消费领域进行拓展。与此同时，由于西北、西南等地区的经济增长和“路上丝绸之路”等政策的不断推进，西南、西北等地区将会有相当好的消费前景。

二十四、有哪些产业政策会对聚丙烯期货产生影响?

前文我们已经提到过，产业政策、税收政策、进出口关税政策都对聚烯烃行业有比较大的影响。这里补充一些对聚丙烯有影响的政策的案例。

（一）宏观调控政策

2023 年前三季度，为使资金活跃且流动至市场中，国家出台了一系列积极的调控政策，如新能源汽车减免车辆购置税、印花税实施减半征收后，房地产市场下调存量首套住房贷款利率。2023 年 9 月，我国中央银行宣布下调金融机构存款准备金率 0. 25 个百分点，下调后金融机构加权平均存款准备金率约为 7. 4% 。在政策导向下，商品市场正向反馈效果明显，聚丙烯期货盘面随后冲击 8000 元/吨，现货价格也一路上涨，华东地区拉丝主流报盘在 7970 元/吨，9 月较 6 月的低点（7000 元/吨）上涨了 970 元/吨，涨幅达 13. 86% 。

（二）外贸政策

2022 年国务院发布了《关于做好跨周期调节进一步稳外贸的意见》，要求各地方要落实好对纺织品、服装、家具、鞋靴、塑料制品、箱包、玩具、石材、陶瓷、优势特色农产品等劳动密集型产品出口企业的各项减负稳岗扩就业政策措施，以符合世贸组织规则的方式加大出口信贷、出口信保等政策的支持力度。要支持各地方人力资源和社会保障、商务主管部门加强协作，研究建立外贸领域用工定点定期监测机制。政策的出台在一定程度上活跃了聚丙烯下游企业，促进企业积极补库，对上游生产企业库存去化较为有利，提振了聚丙烯等期货品种的盘面情绪。

二十五、什么是聚氯乙烯？

聚氯乙烯（PVC 或乙烯基）是一种用途广泛的热塑性聚合物，广泛用于建筑和建材行业，主要用于生产门窗型材、管道（饮用水和废水）、电线电缆绝缘体、医疗设备等方面。聚氯乙烯是世界上第三大广泛生产的合成塑料聚合物，在生产体量上仅次于聚乙烯和聚丙烯。聚氯乙烯是一种白色易碎的固体物质，呈粉末状或颗粒状。聚氯乙烯的很多特性决定了其用途广泛，例如其具有重量轻、耐用、成本低、易于加工特性，所以目前聚氯乙烯替代了很多传统的建筑材料，如木材、金属、混凝土、橡胶、陶瓷等。

二十六、聚氯乙烯有什么用途？

我国聚氯乙烯消费分为两大类：

一是以电线电缆、各种用途的膜（根据厚度不同可分为压延膜、防水卷材、可折叠门等）、铺地材料、织物涂层、人造革、各类软管、手套、玩具、塑料鞋以及一些专用涂料和密封剂等产品为主的软制品。

二是以门窗、各种型材和管材、硬片、瓶等产品为代表的硬制品。

根据图 1－11 不难看出，硬制品仍是聚氯乙烯下游需求的主要品类，其中，管材、型材的消费占比分别为 34%、15%，为前两位。因为硬制品主要用途为房地产端，如下水管、排水管、门框、窗框等，所以房地产景气度在很大程度上影响聚氯乙烯的消费。

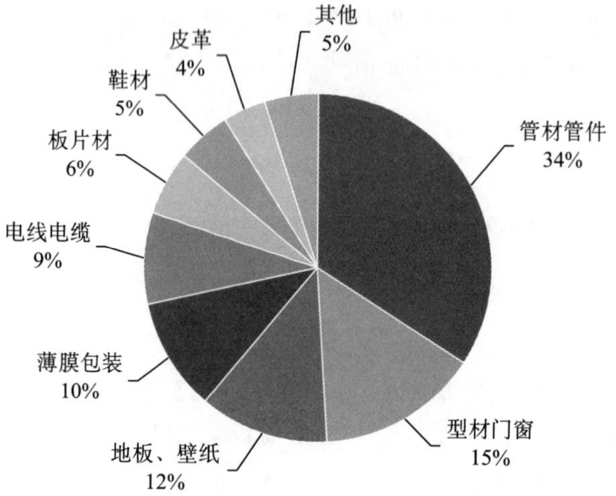

图 1-11　聚氯乙烯下游消费分类及占比

资料来源：隆众资讯，由广发期货整理。

二十七、聚氯乙烯的生产工艺有哪些？分布状况如何？

目前，聚氯乙烯主流生产工艺有电石法、乙烯法两种。由于我国煤炭资源丰富，资源价格相对低廉，而石油资源又相对不足，这就使我国的工业体系特别是化学工业体系长期以来对煤炭比较倚重。所以，不只是聚氯乙烯，早年间，我国大宗化工品大多以煤炭作为初始原料。

电石法的生产成本中电力成本占比较大，因为部分区域的政府部门对工业用电有价格优惠，所以电石法在生产成本上有优势。另外，我国电价波动较小，有国家调控且运行稳定，还有就是电石法拥有生产设备投入相对较少、扩产周期短等优势。乙烯法工艺有明显的不同：首先，乙烯法的成本是由原油控制的，导致乙烯法成本随原油价格变化而波动剧烈；其次，乙烯法的生产设备投资巨大，建设周期长，这对于生产企业来说，进入门槛较高，运营风险相对较大。所以，我国采取乙烯法生产工艺的企业较少，有条件的企业多采取将石油裂解一体化设备生产出的乙烯直接用于制造聚氯乙烯，这样产出的聚氯乙烯利润更高。因此，我国聚氯乙烯产能在这两种路线上的分布不均衡。

据统计，2023 年我国电石法总产能 2075 万吨，占比 75. 13%；乙烯法产能 687 万吨，占比 24. 87%（见图 1 – 12）。就分布地区来看，电石法生产工艺主要分布在西北、华北、华中、西南等地区，乙烯法生产工艺主要分布在东部沿海地区。

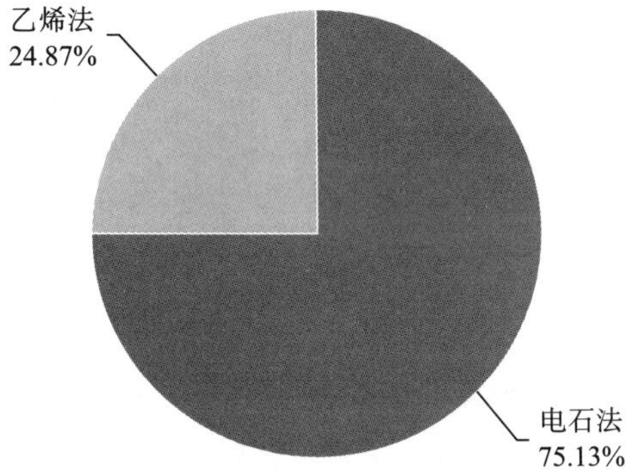

图 1 – 12　中国聚氯乙烯不同制法产能占比

资料来源：隆众资讯，由广发期货整理。

二十八、煤炭是如何变成聚氯乙烯的?

煤炭炼焦得到焦炭，将焦炭与生石灰混合后，电炉加热，就得到了电石。电石是煤化工从无机原料转化为有机产品的重要中间体，将电石用水进行处理，就可以得到乙炔。乙炔与氯化氢气体反应，产品就是氯乙烯，氯乙烯进一步聚合后得到最终产物聚氯乙烯。

这种方法的显著特点为：一是利用煤炭为初始原料，二是电能消耗非常大。根据统计，生产1吨聚氯乙烯需要消耗电石1.35～1.5吨，消耗氯化氢气体0.75～0.85吨，直接耗电量450～500千瓦时。而生产1吨电石又需要耗电3450千瓦时，所以，加上生产聚氯乙烯的直接耗电量，估算下来用电石法生产1吨聚氯乙烯的耗电量要超过5600千瓦时。经过成本估算，电石占聚氯乙烯成本的55%～70%，而电石的成本主要由电价来确定，所以，电石法制聚氯乙烯的成本与电价的关系非常大。这就解释了为什么我国采用电石法生产聚氯乙烯的企业主要分布在华北、中西部省份。因为华北、中西部省份的煤炭资源丰富，且电价相对便宜，电石法生产聚氯乙烯的企业立足于华北、中西部地区，有比较大的成本优势。另外，电石是怕潮、怕高温的化工原料，在比较干燥、寒冷的中西部地区，用电石油生产聚氯乙烯的操作相对容易一些。不过，从环保的角度来看，电石法生产聚氯乙烯会产生大量的废渣、废液等“三废”污染物，电石法生产聚氯乙烯属于高污染行业。

二十九、石油是如何变成聚氯乙烯的？

乙烯法生产聚氯乙烯的工艺后于电石法出现，但对技术、设备的要求比较高。目前，国际上主流工艺为乙烯法。比较先进的工艺路线是利用氯气直接对乙烯进行催化单氯代，得到氯乙烯，进而聚合得到聚氯乙烯；另外一种应用更为普遍的生产工艺是先利用氯气对乙烯进行加成，得到二氯乙烷，对二氯乙烷做消除反应，得到氯乙烯，再行聚合得到聚氯乙烯，这种方法没有前者的经济性好，但其技术要求相对较低，是我国目前比较常用的方法。

乙烯法的主要原料是乙烯和氯气，两者合计约占聚氯乙烯总成本的60%。经验表明，用乙烯法生产1吨聚氯乙烯需要消耗乙烯0.5吨、氯气0.65吨。其中，乙烯是典型的石油化工产品。乙烯的主要生产工艺是先利用原油炼制石脑油，再对石脑油进行裂解，分离得到乙烯，这是目前生产乙烯的主要方法，约占乙烯总产能的一半。

三十、国际上聚氯乙烯产能分布以及发展有何特点？

从产能格局方面看，2022 年全球聚氯乙烯总产能为 5930 万吨，且产能分布较为集中。从地区上看，东北亚地区的聚氯乙烯产能占全球总产能的 55.85%，其次是北美和欧洲，这三个地区的聚氯乙烯产能约占全球总产能的 84%。

近年来，全球氯碱行业格局变化较大，美国是全球传统氯碱强国。21 世纪初，美国页岩气兴起，大大降低了乙烯及衍生品的制造成本，提高了美国氯碱产业的综合竞争力。北美是全球最大的聚氯乙烯净出口地区，长期占据全球聚氯乙烯出口贸易的 30% 以上。随着近两年飓风、寒潮等自然灾害的减少，美国聚氯乙烯的出口量预计仍将以平均每年 4.1% 的速度增长。另外，美国是世界上出口聚氯乙烯最多的国家，每年的聚氯乙烯出口量占美国产量的三到四成。

2018—2022 年全球聚氯乙烯产能情况见图 1－13。

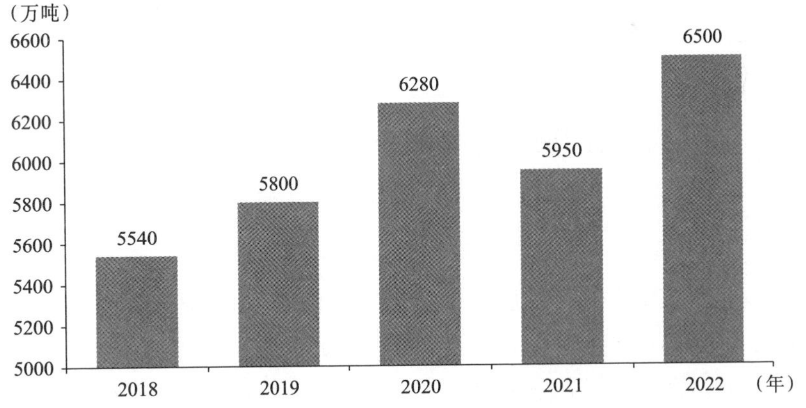

图 1－13　全球聚氯乙烯产能

资料来源：隆众资讯，由广发期货整理。

三十一、国际上聚氯乙烯消费区域及发展有何特点？

根据全球经济发展趋势，未来，印度、越南、印度尼西亚、马来西亚、泰国等东南亚地区对聚氯乙烯的需求将保持强劲势头。这些地区作为聚氯乙烯出口商的主要出口地，未来竞争局势将愈加激烈。以印度市场为例，近几年，印度每年需进口聚氯乙烯接近200万吨。预计未来5年，印度聚氯乙烯进口量将增长至300万吨以上，进口货源主要来自北美和东北亚等地区。印度本土产能约150万吨，其需求量为320万~340万吨，属于净进口国，是全球第一大净进口地。2021年印度进口170万吨，2022年进口约175万吨，2023年进口约190万吨。印度的主要进口货源地是北美和亚洲地区。由于印度的聚氯乙烯人均消耗量仅2.49公斤，远远低于世界人均消费量，未来5年，印度政府将逐步加大投资计划，改善食品安全、住房、基础设施、电力、大众饮用水等方面的供应，从而会带动聚氯乙烯产品的需求，使其聚氯乙烯人均消费量增至3.3公斤。整体来看，印度聚氯乙烯产业发展潜力大，将面临很多新机遇。

三十二、我国聚氯乙烯的生产状况如何？

从我国聚氯乙烯产能发展看，2000—2014年，在国内经济持续高速发展，全国各行业对聚氯乙烯需求量显著增加的背景下，聚氯乙烯产能快速投放。2014年，聚氯乙烯产能达到2500万吨/年的水平。在低基数下，该阶段我国聚氯乙烯产能年均增速在7.9%左右。高速的产能扩张带来了产能集中度下降、行业经济性下降问题。此外，需求端跟进乏力也导致行业出现明显过剩局面。2010—2014 年，聚氯乙烯价格不断走低，从 2015 年下半年开始，国内供给侧结构性改革有效修正行业过剩问题，供需转为紧平衡，“僵尸”产能逐步被淘汰，行业产能下降，但产能利用率稳步上升。2018 年平均行业开工率提升至 80%，相较 2000—2014 年的年均开工率高出约 16 个百分点。随着结构优化与企业的兼并重组，截至 2022 年底，我国聚氯乙烯生产企业共计 71 家，企业平均规模 41.7 万吨，较 2015 年的 29.0 万吨增长 44%；10 万吨/年以下（含 10 万吨/年）规模的聚氯乙烯企业由 2015 年的 13 家降至 6 家，产能占比由 3.1% 下降到 1.6%，产能 50 万吨/年及以上规模企业数量由 2015 年的 8 家增加到 14 家，产能占比由 30.7% 提高到 43%。在我国主要的生产企业中，新疆中泰化学股份有限公司是最大的聚氯乙烯生产厂家，2022 年其聚氯乙烯总产能 247 万吨，总产量 191.52 万吨。位列产能前十的企业还有新疆天业、陕西北元、青岛海湾、天津大沽化、山东信发、鄂尔多斯氯碱、内蒙君正、宁夏金昱元、安徽华塑（见表 1-3）。2022 年，我国聚氯乙烯产能前十的企业的总生产能力占全国总产能的约 40%。近几年，国内聚氯乙烯产能保持稳健增长，截至 2022 年底，我国聚氯乙烯行业总产能达 2642 万吨，产能增速达 2.13%，产能增速保持增长态势，2022 年计划新增产能 220 万吨（见图 1-14）。从实际兑现情况来看，只有一个装置的投产时间推迟至 2023 年第一季度，其余的新增产能都已投产运行。从 2022 年新增装置的情况来看，工艺路线电石法与乙烯法并举，但从单套产能规模来看，乙烯法规模化程度更高，且多数企业为一体化装置，而且交通运输便利，产业链完善度大大提升。而电石法新增产能所占比例有所下降，乙烯法产能占比有所提升。

表 1-3　2022 年我国聚氯乙烯十大企业产能情况

排名	企业名称	产能（万吨）	所属省市自治区	所属区域
1	新疆中泰化学股份有限公司	247	新疆	西北
2	新疆天业集团有限公司	130	新疆	西北
3	陕西北元化工集团有限公司	125	陕西	西北
4	在平信发聚氯乙烯有限公司	110	山东	华北
5	青岛海湾化学有限公司	100	山东	华北

续表

排名	企业名称	产能（万吨）	所属省市自治区	所属区域
6	天津大沽化工股份有限公司	80	天津	华北
7	内蒙古鄂尔多斯资源股份有限公司	80	内蒙古	西北
8	内蒙古君正能源化工集团股份有限公司	70	内蒙古	西北
9	宁夏金昱元化工集团股份有限公司	70	宁夏	西北
10	安徽华塑股份有限公司	62	安徽	华东

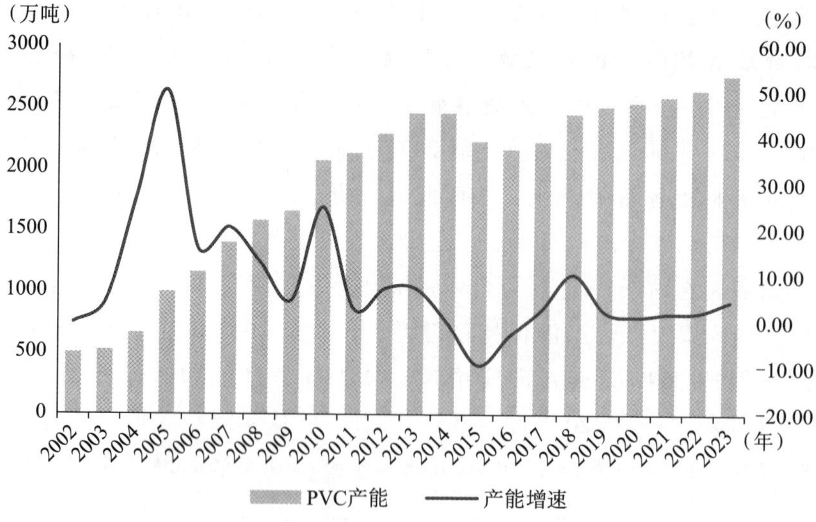

图1-14 中国聚氯乙烯产能及增速格局

资料来源：隆众资讯，由广发期货整理。

三十三、我国聚氯乙烯的消费状况如何？

聚氯乙烯是农业、工业、建筑、能源、交通运输等国民经济各领域不可缺少的重要材料之一。在高速发展的国民经济的刺激下，我国已经成为世界上最大的聚氯乙烯消费国。据统计，近年来我国聚氯乙烯消费整体呈现逐年递增趋势，2020 年表观消费量达 2105.94 万吨的高点；进入 2021 年，因受到能耗双控影响，原料电石及聚氯乙烯价格大幅提升；2022 年聚氯乙烯下游需求疲软，供大于求现象明显，表观消费量连续两年小幅回落（见图 1－15）。2023 年，我国解除新冠疫情封控，但是，聚氯乙烯下游需求延续低迷状态，整体需求量虽然高于 2022 年，但是 2023 年均价却下降明显。2023 年新增聚氯乙烯产能相对较多，在供过于求格局下，价格承压运行。

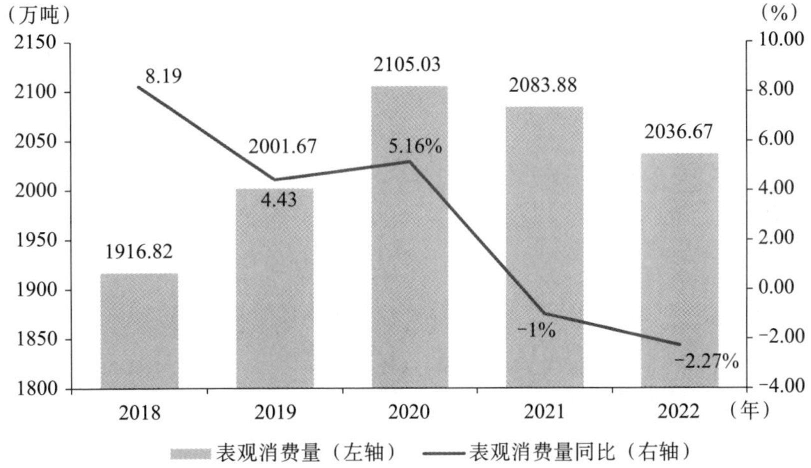

图 1－15 中国聚氯乙烯表观消费量及增速

资料来源：隆众资讯，由广发期货整理。

三十四、我国聚氯乙烯贸易有何特点？

聚氯乙烯的下游主要包括管材、型材、板片材、电缆料及铺地制品等。根据下游的分布情况，聚氯乙烯国内贸易流向主要是山东、河北、江苏、浙江、广东等省份，即主要是华北、华东、华南地区。

从运输方式看，《中共中央、国务院关于深入打好污染防治攻坚战的意见》指出，要加快发展大宗货物及中长途货物运输“公转铁”和“公转水”，即公铁、铁水等多式联运。“十四五”时期，铁路货运量占比提高0.5个百分点，水路货运量年均增速超过2%。今后，运输方式中汽运的比重会下降，而铁路和铁海联运的规模则会维持上升趋势。

自测题

一、单选题

1. LLDPE的学名是（　　）。

A. 低密度聚乙烯　　B. 线型低密度聚乙烯

C. 高密度聚乙烯　　D. 聚丙烯

2. 以下（　　）是线型低密度聚乙烯的主要特点。

A. 耐热　　B. 耐寒

C. 优良的耐低温性能　　D. 所有以上选项

3. 目前国内聚丙烯消费主要集中在（　　）。

A. 西北　　B. 华东

C. 华北　　D. 华南

4. 聚氯乙烯的主要用途不包括（　　）。

A. 生产电线电缆绝缘　　B. 饮用水和废水管道

C. 电子设备　　D. 医疗设备

5. 以下（　　）不是我国聚氯乙烯的主流生产工艺。

A. 电石法　　B. 乙烯法

C. 石油法　　D. 丁烯法

二、多选题

1. 聚乙烯的主要类别包括（　　）。

A. 低密度聚乙烯（LDPE）　　B. 高密度聚乙烯（HDPE）

C. 线型低密度聚乙烯（LLDPE）　D. 聚苯乙烯

2. 聚丙烯下游的增长和升级方向主要有（　　）。

A. 向专业化发展　B. 向大规模化发展

C. 向集中化发展　D. 向新型和高端消费领域拓展

3. 煤炭生产聚氯乙烯主要过程包括（　　）步骤。

A. 炼焦得到焦炭　B. 混合生石灰

C. 电炉加热得到电石　D. 电石处理后得到乙炔

4. 聚氯乙烯的下游需求主要品类包括（　　）。

A. 管材　B. 型材

C. 硬片　D. 饮料瓶

5. 我国聚氯乙烯贸易流向主要是（　　）。

A. 山东　B. 河北

C. 江苏　D. 广东

三、判断题

1. 线型低密度聚乙烯是乙烯与少量高级 α－烯烃在催化剂作用下共聚而成的。（　　）

2. 线型低密度聚乙烯的耐环境应力开裂性能差。（　　）

3. 我国的化学工业长期依赖于进口石油资源。（　　）

4. 电石法生产聚氯乙烯是一种低能耗、低污染的生产方式。（　　）

5. 乙烯法生产聚氯乙烯的原料主要包括乙烯和氯气。（　　）

四、填空题

1. 聚乙烯的化学稳定性好，因为聚合物分子内通过______单键相连。

2. 线型低密度聚乙烯比 LDPE 具有更高的______和______。

3. 我国线型低密度聚乙烯的供需格局和期货市场价格受______的影响。

4. 聚氯乙烯广泛用作______和______制品。

5. ______法生产聚氯乙烯的直接耗电量为 450 千瓦时到 500 千瓦时。

参考答案

一、单选题

1. B　2. D　3. B　4. C　5. C

二、多选题

1. ABC　2. ABCD　3. ABCD　4. ABCD　5. ABCD

三、判断题

1. 正确　2. 错误　3. 错误　4. 错误　5. 正确

四、填空题

1. 碳—碳　2. 强度；韧性　3. 产业政策　4. 门窗型材；管道
5. 电石法

第二章

线型低密度聚乙烯、聚丙烯和聚氯乙烯期货市场及相关制度

本章要点

本章主要介绍了线型低密度聚乙烯、聚丙烯以及聚氯乙烯期货市场的基本知识、相关特性等；投资者参与线型低密度聚乙烯、聚丙烯以及聚氯乙烯期货交易应该注意的问题；投资者参与上述期货交易应进行的资金管理。在参与线型低密度聚乙烯、聚丙烯以及聚氯乙烯期货交易之前，投资者应该认真阅读本章，为参与期货交易和控制风险做好充分准备。

一、什么是期货市场？

期货是相对于现货市场而言的，是在现货交易和现货远期交易的基础上

发展起来的。期货，一般指期货合约，是由期货交易所统一制定的、规定在未来某一特定的时间和地点交割一定数量标的物的标准化合约。这个标的物，又叫基础资产，可以是某种商品，如聚丙烯、聚乙烯和聚氯乙烯，也可以是某种金融资产，如外汇、债券，还可以是某个金融指标，如三个月同业拆借利率或股票指数。

期货市场是进行期货交易的场所，是多种交易关系的总和，是在现货基础上发展起来的一种高度组织化和高度规范化的市场形式。尽管期货市场是在远期交易的基础之上发展起来的，但期货市场与远期交易存在明显的差异。首先，期货交易必须在期货交易所场内完成（如国外的公开喊价系统），或通过交易所的电子交易平台完成（目前普遍采用的是电子交易形式）。其次，期货交易的对象是标准化合约，而非实物商品。所谓标准化合约，指的是合约的所有条款都是标准化的，如线型低密度聚乙烯合约的到期日为每月的第 10 个交易日，最小变动价位为 5 元/吨，合约的标的资产为线型低密度聚乙烯，而远期交易则没有类似的标准化规定。最后，期货交易的对象是期货合约本身，而非实物商品，但合约的标的资产是实物商品或者金融资产。这种将期货合约与其标的资产相互分离的方法，使投资者可以很方便地在期货合约到期之前选择对冲平仓，或者到期进行实物交割。

期货市场的功能主要包括三方面：一是规避价格风险。在期货市场上进行套期保值，交易者就可以按预期的价格出售商品，或者以预期的价格购进原材料，这就是期货市场规避价格风险的功能。二是价格发现功能。期货市场是成千上万的商品生产者、经营者通过交易所按既定的规则进行集中竞价的市场，集中反映了全社会的供求关系，所以，期货市场能发现商品的真实价格水平。三是进行风险投资。针对期货投机者来说，期货市场在为交易者实现规避价格风险功能的同时，也为投机者提供了风险投资的功能。投机者进行风险投资时往往要看主力合约的涨跌情况，如图 2 - 1 所示。

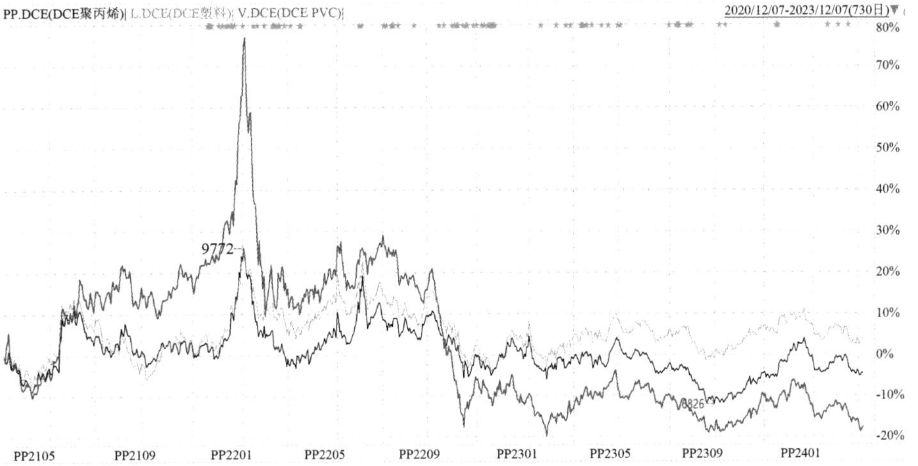

图 2－1　2020—2023 年聚丙烯、线型低密度聚乙烯以及聚氯乙烯期货主力合约涨跌情况

注：行情图截取了近 3 年来聚丙烯、线型低密度聚乙烯以及聚氯乙烯期货主力合约对数涨跌幅情况。

资料来源：Wind，由广发期货整理。

2009—2023 年聚氯乙烯期货合约走势见图 2－2。

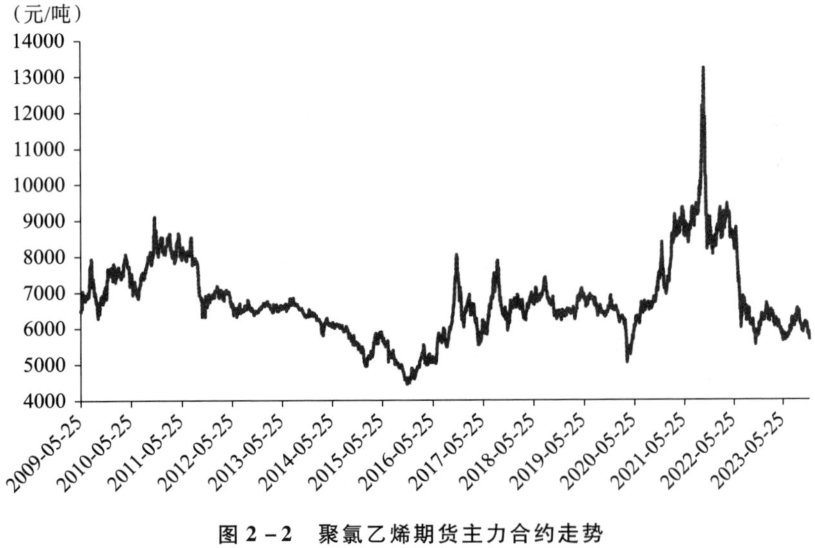

图 2－2　聚氯乙烯期货主力合约走势

资料来源：Wind，由广发期货整理。

本书所介绍的三个品种，即聚丙烯、线型低密度聚乙烯还有聚氯乙烯，均出自大连商品交易所。从品种期货上市时间看，线型低密度聚乙烯上市最早，于2007年挂牌上市；其次是聚氯乙烯（2009年）、聚丙烯（2014年）。从相关品种的期权上市时间看，三者的期权合约均在2020年上市。目前，这三个品种的期货和期权交易均运行良好，且交投活跃，已经成为化工产业链相关企业风险管理以及金融机构风险投资的重要工具。

二、国内线型低密度聚乙烯、聚丙烯和聚氯乙烯期货的标准化合约是什么样的？

期货合约，是指在未来某一确定时间按照确定价格买入或卖出某商品的标准化合约。线型低密度聚乙烯期货合约、聚丙烯期货合约和聚氯乙烯期货合约就是标的物为线型低密度聚乙烯、聚丙烯和聚氯乙烯的标准化合约。它主要包括以下内容：

（一）合约标的

合约标的指期货合约的交易品种，如线型低密度聚乙烯期货合约的标的为线型低密度聚乙烯。虽然聚乙烯主要分为线型低密度聚乙烯、低密度聚乙烯（LDPE）和高密度聚乙烯（HDPE）三大类，但相对而言，线型低密度聚乙烯的用途要广一些，几乎渗透到所有的传统聚乙烯应用领域，包括薄膜、模塑、管材和电缆等。因此，大连商品交易所选择线型低密度聚乙烯作为期货合约的标的商品，能够使期货市场的包容性更强。在聚丙烯市场，组成的细分类型也比较多，和线型低密度聚乙烯一样，聚丙烯期货合约也是选择了拉丝作为标的物，因为拉丝在整个聚丙烯产品当中占比最大、最具有代表性，所以聚丙烯期货上市后绑定的品类是拉丝。聚氯乙烯型号也比较多，有SG－3型、SG－5型、SG－7型、SG－8型等，企业会因需求不同而采用不同的型号。例如，SG5（K－65、S1000）多应用于管材、型材、板材等，而 SG3 多用于软质品，如制造软管、电线电缆、薄膜、鞋材、玩具、汽车配件等；SG7、SG8 则多用于制造管件、片材、容器等。在我国，聚氯乙烯中最为常见的是 SG－5 型，因此，聚氯乙烯交割标的选为 SG5 型。

（二）交易单位

交易单位是指期货合约所代表的商品数量，也是投资者可以进行期货交易的最小数量。现货贸易惯例及期货市场的发育程度是期货交易所确定交易单位的基础。线型低密度聚乙烯、聚丙烯和聚氯乙烯期货合约的交易单位都为 5 吨/手。

（三）最小变动价位

最小变动价位是指在期货交易所的公开竞价过程中，对合约每计量单位报价的最小变动数值。大连商品交易所线型低密度聚乙烯、聚丙烯和聚氯乙烯期货合约的最小变动价位是 1 元/吨，即每手合约的最小变动值是 5 元（即 1 元/吨 ×5 吨）。

（四）涨跌停板幅度

涨跌停板幅度是指期货合约在一个交易日中交易价格的波动不得高于或者低于规定的涨跌幅度，超过该涨跌幅度的报价将被视为无效，不得成交。不管是线型低密度聚乙烯、聚丙烯还是聚氯乙烯期货，初始设定的涨跌停板幅度均为上一交易日结算价的 4%。但是涨跌停板幅度并不是一成不变的，遇到行情波动起伏较大的情况，交易所一般会根据实际情况调整涨跌停板幅度（截至 2023 年 11 月，线型低密度聚乙烯、聚丙烯和聚氯乙烯的涨跌停板幅度为 6%）。

（五）合约月份

合约月份是指期货合约到期交割的月份。在国内，主要供应商中国石油和中国石化一般只是按照计划生产，基本不以市场为指导，所以，交易所选取了包含当前月份在内连续 12 个自然月的任何月份作为线型低密度聚乙烯、聚丙烯和聚氯乙烯期货的合约月份。

（六）交易时间

交易时间指期货合约在交易所交易的时间。线型低密度聚乙烯、聚丙烯和聚氯乙烯期货的交易时间为“每周一至周五 9：00—11：30、13：30—15：00，以及交易所规定的其他时间”。目前，三个品种的具体交易时间是“上午 9 点到 10 点 15 分，10 点 30 分到 11 点 30 分；下午 1 点 30 分到 15 点；夜盘交易时间为 21：00—23：00”。大连商品交易所规定，以上三个期货合约的最后交易日一般为合约月份第 10 个交易日。

（七）合约交易保证金

合约交易保证金（或保证金比例）是指买卖期货合约需要的资金占合约总价值的比例。大连商品交易所将线型低密度聚乙烯、聚丙烯和聚氯乙烯期货合约的一般月份保证金通常定为合约价值的 5%，当然，也会根据各种情况进行相应调整。

（八）交易手续费

交易手续费是投资者进行期货交易需支付的费用。交易手续费的收取通常有两种形式：按固定金额收取和按比例收取。按照固定金额收取手续费便于投资者计算投资盈亏，是国际期货市场采用的主要收取方式。线型低密度聚乙烯、聚丙烯和聚氯乙烯期货合约的手续费按照固定值收取：不高于 8 元/手（当前暂定为 4 元/手）。

根据大连商品交易所的规定，线型低密度聚乙烯、聚丙烯和聚氯乙烯期货合约细则如表 2－1、表 2－2、表 2－3 所示。

表 2－1　　线型低密度聚乙烯期货合约细则

项目	合约内容
交易品种	线型低密度聚乙烯
交易单位	5 吨/手
报价单位	元（人民币）/吨
最小变动价位	1 元/吨

续表

项目	合约内容
涨跌停板幅度	上一交易日结算价的4%
合约月份	1月至12月
交易时间	每周一至周五9：00—11：30、13：30—15：00，以及交易所规定的其他时间
最后交易日	合约月份第10个交易日
最后交割日	最后交易日后第3个交易日
交割等级	大连商品交易所线型低密度聚乙烯交割质量标准
交割地点	大连商品交易所线型低密度聚乙烯指定交割仓库
最低交易保证金	合约价值的5%
交割方式	实物交割
交易代码	L
上市交易所	大连商品交易所

表2-2　　聚丙烯期货合约细则

项目	合约内容
交易品种	聚丙烯
交易单位	5吨/手
报价单位	元（人民币）/吨
最小变动价位	1元/吨
涨跌停板幅度	上一交易日结算价的4%
合约月份	1月至12月
交易时间	每周一至周五9：00—11：30、13：30—15：00，以及交易所规定的其他时间
最后交易日	合约月份第10个交易日
最后交割日	最后交易日后第3个交易日
交割等级	大连商品交易所聚丙烯交割质量标准
交割地点	大连商品交易所聚丙烯指定交割仓库
最低交易保证金	合约价值的5%
交割方式	实物交割
交易代码	PP
上市交易所	大连商品交易所

表 2-3 聚氯乙烯期货合约细则

项目	合约内容
交易品种	聚氯乙烯
交易单位	5 吨/手
报价单位	元（人民币）/吨
最小变动价位	1 元/吨
涨跌停板幅度	上一交易日结算价的 4%
合约月份	1 月至 12 月
交易时间	每周一至周五 9：00—11：30、13：30—15：00，以及交易所规定的其他时间
最后交易日	合约月份第 10 个交易日
最后交割日	最后交易日后第 3 个交易日
交割等级	质量标准符合《悬浮法通用型聚氯乙烯树脂》（GB/T 5761-2018）规定的 SG5 型一等品和优等品（干流性指标不做要求）
交割地点	大连商品交易所聚氯乙烯指定交割仓库
最低交易保证金	合约价值的 5%
交割方式	实物交割
交易代码	V
上市交易所	大连商品交易所

三、参与线型低密度聚乙烯、聚丙烯和聚氯乙烯期货交易之前需要做哪些准备？

在对线型低密度聚乙烯、聚丙烯和聚氯乙烯市场有一定的了解之后，如果想要参与上述三个品种的期货交易，那么投资者首先要做的是选择一家期货经纪公司开立账户。因为以上三个期货合约都是在大连商品交易所进行交易的，而能够进入大连商品交易所进行交易的只有大连商品交易所会员（包括期货经纪公司会员和非期货经纪公司会员），所以普通交易者在进入期货市场交易之前，应选择一个具备合法代理资格的期货经纪公司来开立账户。按照相关法律法规规定，交易者在开户前需要进行风险等级评价，只有经过风险等级评价后，交易者才能开通相应品种的交易权限。

开立账户后，交易者还需按规定缴纳一定的交易保证金，再经过必要的培训，做好必要的技术和心理准备，方可入场进行交易。期货交易的一般流程见图2－3。

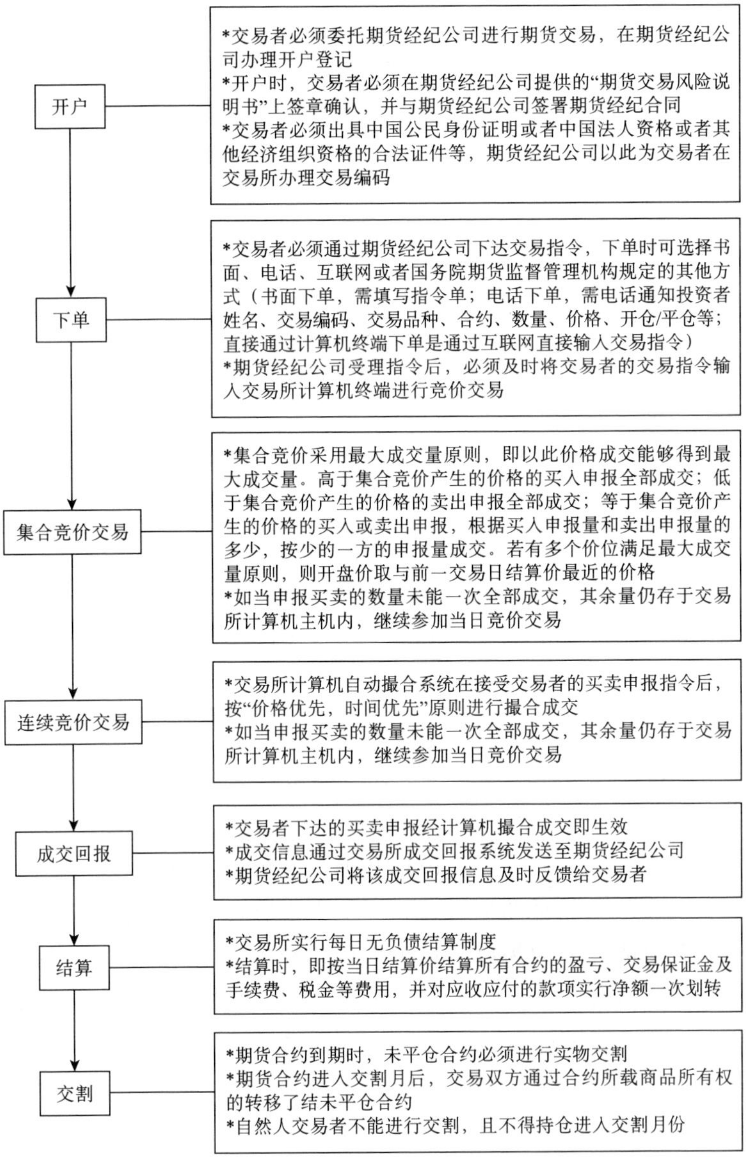

图2－3　期货交易的一般流程

四、我们应该熟知的线型低密度聚乙烯、聚丙烯和聚氯乙烯期货市场的基本制度有哪些?

(一) 保证金制度

在期货交易中，任何交易者都必须按照其所买卖期货合约价值的一定比例（通常为5%~10%）缴纳资金，作为其履行期货合约的财力担保，然后才能参与期货合约的买卖。同时，交易所还要视期货价格变动情况确定是否追加资金。这种制度就是保证金制度，所交的资金就是保证金。保证金制度既体现了期货交易特有的杠杆效应，也是交易所控制期货交易风险的一种重要手段。

(二) 每日结算制度

期货交易的结算是由交易所统一组织进行的。期货交易所实行每日无负债结算制度，又称“逐日盯市”，具体是指每日交易结束后，交易所按当日结算价结算所有合约的盈亏、交易保证金及手续费、税金等费用，对应收应付的款项同时划转，相应增加或减少会员的结算准备金。期货交易的结算实行分级结算，即交易所对其会员进行结算，期货经纪公司对其客户进行结算。

(三) 涨跌停板制度

涨跌停板制度又称“每日价格最大波动限制”，即指期货合约在一个交易日中的交易价格波动不得高于或低于规定的涨跌幅度。超过该涨跌幅度的报价将被视为无效，不能成交。由于期货市场的价格波动巨大，且极端情况下触及涨跌停板的情况时有发生，特别是连续同方向或反方向涨跌停板的情况也偶有发生，期货交易所对各种情况都作出了明确的规定，包括各种情况下的涨跌停板幅度和保证金收取标准等。

（四）持仓限额制度

持仓限额制度是指期货交易所为了防范操纵市场价格的行为，防止期货市场风险过度集中于少数投资者，对会员及客户的持仓数量进行限制的制度。超过限额，交易所可按规定强行平仓或提高保证金比例。

（五）大户报告制度

大户报告制度是指当会员或客户对某品种合约持有的投机头寸达到交易所对其规定的头寸持仓限量80%以上（含本数）时，会员或客户应向交易所报告其资金情况、头寸情况等，客户须通过经纪会员报告。大户报告制度是与持仓限额制度紧密相关的又一个防范大户操纵市场价格和控制市场风险的制度。

（六）强行平仓制度

强行平仓制度是指当会员或客户的交易保证金不足且未在规定的时间内补足，或者当会员或客户的持仓量超出规定的限额时，或者当会员或客户违规时，交易所为了防止风险进一步扩大，实行强行平仓的制度。简言之，强行平仓制度就是交易所对违规者的有关持仓实行平仓的一种强制措施。

（七）强制减仓制度

强制减仓制度的目的是化解市场风险和防止会员违约。一般情况下，市场风险的大小与某一品种或者合约的持仓规模有关。因此，降低持仓规模通常能够有效地降低市场风险。强制减仓制度就是期货交易所将当日以涨跌停板申报的未成交平仓报单，以当日的涨跌停板报价与该合约净持仓盈利的客户（包括非期货经纪公司会员）按持仓比例自动撮合成交的一种制度设计。

（八）套期保值审批制度

我国的商品期货交易所规定，申请参与套期保值交易的机构客户须填写套期保值申请（审批），并向期货交易所提交相关证明材料。交易所则需按主体资格是否符合，套期保值品种、交易部位、买卖数量、套期保值时间与其生产经营规模、历史经营状况、资金等情况是否相当进行审核，确定其套期保值额度。正常情况下，套期保值交易的持仓量不受交易所规定的持仓限额的限制。

（九）实物交割制度

实物交割制度是指交易所制定的当期货合约到期时交易双方将期货合约所载商品的所有权按规定进行转移，了结未平仓合约的制度。

（十）风险准备金制度

风险准备金制度是指期货交易所从收取的期货交易手续费中提取一定比例的资金，作为确保交易所担保履约的备付金的制度。该制度对风险准备金的来源、收取标准和用途都作出了明确的规定。该制度为防范风险传播提供了保证，起到了类似于防火墙的重要作用。

（十一）风险警示制度

如果期货交易所认为有必要，可以分别或者同时采取要求会员或者客户报告情况、谈话提醒、发布风险提示函等措施，以警示和化解风险。风险警示制度对行使上述权利的条件和方法作出了规定。

（十二）信息披露制度

为遵循公开、公平、公正的原则，期货交易所应及时公布上市期货品种合约的有关信息和其他应公布的信息，并保证信息的真实和准确。信息披露制度对此作出了明确的规定。

五、一般情况下线型低密度聚乙烯、聚丙烯和聚氯乙烯期货交易保证金如何收取？

我国的期货市场经过多年发展日趋成熟，在《期货和衍生品法》指引下，期货交易各方面细节都有了详尽的规章制度，在此我们简单介绍一下保证金方面的制度。目前，大连商品交易所各期货品种的保证金制度有一般月份保证金标准、临近交割期梯度增加保证金、根据合约持仓量变化调整保证金、连续同方向涨跌停板时调整保证金等。根据多年来的运行经验，目前的保证金管理体系完全能够抵御来自市场的各种风险。

通常，期货经纪公司在交易所收取保证金的基础上会再向客户加收一定比例的保证金。例如，线型低密度聚乙烯一般月份合约的保证金是8%，其中，5%是交易所收取的部分，而3%是期货经纪公司收取的部分。线型低密度聚乙烯、聚丙烯和聚氯乙烯期货交易保证金情况见表2－4。

表2－4　　线型低密度聚乙烯、聚丙烯和聚氯乙烯期货交易保证金情况

<table>
<tr><td colspan="3">品种</td><td>线型低密度聚乙烯</td><td>聚氯乙烯</td><td>聚丙烯</td></tr>
<tr><td colspan="3">交易保证金比例（投机）</td><td>7%</td><td>7%</td><td>7%</td></tr>
<tr><td colspan="3">交易保证金比例（套保）</td><td>7%</td><td>7%</td><td>7%</td></tr>
<tr><td rowspan="3">涨跌停板幅度（上一交易日结算价比例）</td><td colspan="2">已上市合约</td><td>6%</td><td>6%</td><td>6%</td></tr>
<tr><td colspan="2">新上市合约</td><td>12%</td><td>12%</td><td>12%</td></tr>
<tr><td colspan="2">交割月合约</td><td>6%</td><td>6%</td><td>6%</td></tr>
<tr><td rowspan="9">连续同方向涨跌停板单边无连续报价行情时的交易保证金和涨跌停板幅度（非交割月份）</td><td rowspan="4">第N日</td><td>交易时保证金（投机）</td><td>7%</td><td>7%</td><td>7%</td></tr>
<tr><td>交易时保证金（套保）</td><td>7%</td><td>7%</td><td>7%</td></tr>
<tr><td>结算时保证金（投机/套保）</td><td>11%</td><td>11%</td><td>11%</td></tr>
<tr><td>涨跌停板幅度</td><td>6%</td><td>6%</td><td>6%</td></tr>
<tr><td rowspan="3">第N+1日</td><td>交易时保证金（投机/套保）</td><td>11%</td><td>11%</td><td>11%</td></tr>
<tr><td>结算时保证金（投机/套保）</td><td>13%</td><td>13%</td><td>13%</td></tr>
<tr><td>涨跌停板幅度</td><td>9%</td><td>9%</td><td>9%</td></tr>
<tr><td rowspan="2">第N+2日</td><td>交易时保证金（投机/套保）</td><td>13%</td><td>13%</td><td>13%</td></tr>
<tr><td>涨跌停板幅度</td><td>11%</td><td>11%</td><td>11%</td></tr>
<tr><td colspan="3">交易限额</td><td>线型低密度聚乙烯</td><td>聚氯乙烯</td><td>聚丙烯</td></tr>
<tr><td rowspan="2">交易手续费（元/手）</td><td colspan="2">合约规定</td><td>1</td><td>1</td><td>1</td></tr>
<tr><td colspan="2">当日先开仓后平仓</td><td>1</td><td>1</td><td>1</td></tr>
<tr><td colspan="3">交割手续费（元/吨）</td><td>0</td><td>0</td><td>0</td></tr>
<tr><td colspan="3">最大下单手数（手）</td><td>1000</td><td>1000</td><td>1000</td></tr>
</table>

注：根据《大连商品交易所风险管理办法》第十条规定，对同时满足本办法有关调整交易保证金规定的合约，其交易保证金按照规定交易保证金数值中的较大值收取；如遇到法定节假日休市时间较长时，对于连续三个交易日涨跌停板单边无连续报价的合约的交易保证金率和涨跌停板幅度，交易所将根据休市期间调整交易保证金和涨跌停板的通知规定执行。

交易所可以制定组合持仓的交易保证金标准。组合持仓是指按照交易所规定方式建立的符合条件的持仓组合。交易期间，非期货经纪公司会员、境外特殊非经纪参与者和客户可以通过交易所提供的套利交易指令下单和向交易所申请对符合条件的持仓进行组合确认两种方式建立组合持仓。结算时，交易所可以将符合条件的持仓按照一定规则自动组合成组合持仓。具体办法可参照《大连商品交易所风险管理办法》第二章相关条款，或咨询正规期货公司交易结算部门。

六、交易所对线型低密度聚乙烯、聚丙烯和聚氯乙烯涨跌停板和持仓限制有什么规定？

各品种期货合约交割月份以前的月份涨跌停板幅度为上一交易日结算价的4%，交割月份的涨跌停板幅度为上一交易日结算价的6%。

期货合约自挂牌当日至有成交首日的涨跌停板幅度为合约正常执行的涨跌停板幅度的两倍，在有成交首日，未出现涨（跌）停板单边无连续报价的，下一交易日恢复到合约正常执行的涨跌停板幅度；出现涨（跌）停板单边无连续报价的，按照《大连商品交易所风险管理办法》第十九条规定执行。合约正常执行的涨跌停板幅度由交易所另行公布。例如采取单边或双边、同比例或不同比例、部分或全部会员、部分或全部境外特殊参与者提高交易保证金，调整涨跌停板幅度，暂停部分或全部会员、部分或全部境外特殊参与者开新仓，限制出金，限期平仓，强行平仓及其他风险控制措施。线型低密度聚乙烯、聚丙烯和聚氯乙烯期货合约持仓限额情况如表2－5所示。

以上三个期货合约自交割月份前一个月第15个交易日至交割月期间非期货经纪公司会员、境外特殊非经纪参与者和客户持仓限额见表2－6，交割月份个人客户持仓限额为0。

表 2－5　　线型低密度聚乙烯、聚丙烯和聚氯乙烯期货合约持仓限额

品种	合约单边持仓量	非期货经纪公司会员/境外特殊非经纪参与者	客户
线型低密度聚乙烯	单边持仓量≤100000 手	20000 手	10000 手
	单边持仓量＞100000 手	单边持仓量×20%	单边持仓量×10%
聚氯乙烯	单边持仓量≤200000 手	40000 手	20000 手
	单边持仓量＞200000 手	单边持仓量×20%	单边持仓量×10%
聚丙烯	单边持仓量≤200000 手	20000 手	20000 手
	单边持仓量＞200000 手	单边持仓量×10%	单边持仓量×10%

表 2－6　　线型低密度聚乙烯、聚丙烯和聚氯乙烯期货合约自交割月份前一个月第 15 个交易日至交割月期间非期货经纪公司会员、境外特殊非经纪参与者和客户持仓限额

品种	时间段	非期货经纪公司会员/境外特殊非经纪参与者（手）	客户（手）
线型低密度聚乙烯	交割月前一个月第 15 个交易日起	6000	3000
	交割月份	2000	1000
聚氯乙烯	交割月前一个月第 15 个交易日起	10000	5000
	交割月份	5000	2500
聚丙烯	交割月前一个月第 15 个交易日起	5000	5000
	交割月份	2500	2500

七、投资者如何交易线型低密度聚乙烯、聚丙烯和聚氯乙烯期货合约？

投资者从事期货交易，必须通过期货经纪公司或期货经纪公司提供的下单软件下达交易指令，指定拟买卖合约的种类、数量和价格等。期货交易指令可以分为市价指令、限价指令、止损指令和停止限价指令等。

目前，我国期货交易所的指令均为当日有效。在指令成交前，投资者可以提出变更和撤销指令。大连商品交易所提供的指令有限价指令、市价指令、市价止损（盈）指令（即止损指令）和限价止损（盈）指令（即停止限价指令）。这些基本交易指令可以附加立即全部成交否则自动撤销和立即成交剩余指令自动撤销两种指令属性。

此外，大连商品交易所还对指定合约提供套利交易指令，套利交易指令为限价指令，且价格为两个合约之间的价差。

八、线型低密度聚乙烯、聚丙烯和聚氯乙烯期货交易过程中要注意哪些问题？

与股票市场不同，期货市场采用保证金交易，因此资金管理显得尤其重要。通常情况下，期货交易风险与投资者使用的杠杆程度成正比。换句话说，投资者动用的保证金比例越大，其所面临的风险也就越高。一般来说，交易规模占保证金总量的大小可视为期货账户风险率。期货经纪公司一般都会通过监控客户账户风险率指标，执行强制性平仓来防范相关风险。

例如，当投资者动用其资金总额的50%时，账户风险率为50%，其风险明显大于动用资金总额的30%。根据经验，投资者动用资金的比例应控制在30%以内，最多不宜超过50%。除利用资金管理技术控制风险之外，止损技术也是风险管理的重要手段。通常情况下，投资者在制订交易方案的同时，应该确定退出策略，包括止盈和止损。触发止损的条件主要是判断行情走势是否与预期相反，或者亏损幅度超过了投资者愿意承受的程度。

那么，如何计算交易账户盈亏呢？一般市场上交易软件都会自动计算相应的交易持仓盈亏和浮动盈亏，就是按照客户下单的手数、方向、成交实际价格及实时期货合约价格数值计算。

九、在期货交易中如何实现资金管理？

以一个10万元期货账户的资金管理操作为例。自2023年1月下旬以来，聚丙烯基本呈现出一波单边下跌的行情，但随着下游产品在6月后进入消费旺季，市场低迷的状况将会逐渐得到改善，下游加工厂商及贸易商的补货需求对未来聚丙烯的价格将产生一定的支撑作用。同时，随着国庆及“双十一”购物节的临近，相关下游需求的大幅增加对期货价格的支撑作用将十分明显。

假设某交易者A拥有资金10万元，他于6月5日以6983元/吨的价格建立聚丙烯2309多单。资金利用率为25%～30%，假设期货经纪公司的保证金为合约价值的13%。在坚持资金管理的基础上，考虑到手续费等因素，该投资者可建6手多单，且投资者交易承受的风险不超过总资金的5%。由于聚丙烯市场产生异动的可能性很大，从多次反弹挣扎未果来看，不排除后市有下探考验6800元/吨支撑位的可能，故操作上应该严格止损，止损位设在6800元/吨。最终，该交易者在8月中旬平仓，最终获益为盘面价格7583元/吨减去建仓时成交价格6983元/吨，每吨获利600元，实际获利1.8万元。

通过以上案例我们清楚地知道，在期货交易之前制定适合自己的操作策略是实现资金管理的关键，而严格执行是策略成功的保障。

十、哪里可以获取线型低密度聚乙烯、聚丙烯和聚氯乙烯期货市场的相关信息？

（一）如何查看行情信息

一般的期货经纪公司都会提供行情软件，如同花顺、文华财经、博弈大师等。当你下载安装了行情软件之后，便可以随时查看相关品种的交易信息。国内的行情软件除提供国内商品期货品种的即时行情之外，通常还提供国外主要期货市场的行情，包括美国的芝加哥期货交易所（CBOT）、芝加哥商业交易所（CME）、纽约商品交易所（NYMEX）、纽约期货交易所（NYBOT）和英国的伦敦金属交易所（LME）等。

另外，各个品种的开盘价、收盘价、结算价、持仓量、交易量以及持仓排名等重要信息也会在相应的交易所网站上公布，投资者可以随时查阅。

（二）如何查看相关资讯和分析评论

国内的行情软件大多提供有关的资讯信息，以及分析和评论等，包括国内发布的信息和转载国外的相关信息。由于信息的来源不同，各行情软件提供的信息量存在较大差异，主要与软件提供商购买的信息和发布授权有关。

国际上较为著名的资讯机构有英国的路透社和美国的彭博等。一般情况下，这两家机构提供的资讯信息较为权威、完备和及时。此外，国际上的一些著名投行，如高盛、摩根士丹利、法国兴业银行等也会定期或不定期地发表研究和分析报告。不过，上述机构提供的信息大多需要付费，且价格昂贵，普通投资者不可能购买。

国内的行情软件提供了某些转载服务，大多数重要信息都可以通过国内的行情软件查阅，当然，一般专业研究报告除外。另外，国内也不乏一些期货界的专家，他们也会在各类财经媒体（如 CCTV－2 财经频道、《证券时报》和《期货日报》等）发表自己的观点；各大交易所以及期货经纪公司的研究人员，尤其是期货经纪公司的研究部门也会撰写各类研究报告供投资者参考。这类文章一般可以在财经网站或期货经纪公司网站上直接下载获得。

自测题

一、单选题

1. 期货交易的结算制度通常被称为（　　）。

A. 无负债结算制度　　B. 逐笔结算制度

C. 每周结算制度　　D. 每月份结算制度

2. 实物交割制度是指（　　）。

A. 买卖双方使用金融工具结算

B. 交易双方将商品的所有权转移，了结未平仓合约

C. 仅允许现金结算的合约交易

D. 通过转账的方式清算合同

3. 持仓限额制度是为了防范（　　）。

A. 市场价格波动过快　　B. 投资者亏损过多

C. 操纵市场价格的行为　　D. 投资者撤资

4. 大户报告制度要求会员或客户报告情况的持仓限量是（　　）。

A. 50%以上　　B. 60%以上

C. 70%以上　　D. 80%以上

5. 在期货交易中，强制减仓制度是为了（　　）。

A. 增加市场流动性　　B. 降低市场风险和防止会员违约

C. 提高商品价格　　D. 收集市场信息

二、多选题

1. 以下（　　）属于期货交易的基本制度。

A. 实物交割制度　　B. 每日结算制度

C. 风险准备金制度　　D. 交易时段制度

E. 涨跌停板制度

2. 期货交易指令可以分为（　　）。

A. 市价指令　　B. 限价指令

C. 止损指令　　D. 停止限价指令

E. 强制平仓指令

3. 投资者可以从（　　）途径获取线型低密度聚乙烯、聚丙烯和聚氯乙烯期货市场的相关信息。

A. 芝加哥期货交易所　　B. 行情软件

C. 交易所网站　　D. 财经媒体

E. 期货公司研究报告

4. 以下（ ）方法可以用于资金管理和风险控制。

A. 投资者动用资金的比例控制　　B. 强制性平仓

C. 止损技术　　D. 追加保证金

E. 设定退出策略

5. 投资者开立期货账户后必须完成（ ）步骤才能交易。

A. 缴纳交易保证金　　B. 接受必要的培训

C. 通过心理测试　　D. 做技术和心理准备

E. 选择期货经纪商

三、判断题

1. 涨跌停板制度是指一天内期货交易价不得高于或低于前一交易日结算价的6%。（ ）

2. 当会员或客户的交易保证金不足，交易所可实行强行平仓。（ ）

3. 套期保值交易的持仓量受交易所规定的持仓限量的限制。（ ）

4. 风险警示制度可以要求会员或客户提供资金情况报告。（ ）

5. 交易所从期货交易手续费中提取一定比例的资金，作为风险准备金。（ ）

四、填空题

1. 交易者必须按照所买卖期货合约价值的一定比例，通常为________缴纳资金作为保证金。

2. 期货交易所实行的是每日________结算制度，也称为“逐日盯市”。

3. 当客户持有头寸达到规定限量的80%以上时，客户需向交易所报告其资金和头寸情况，这种制度被称为____________。

4. 期货交易中，线型低密度聚乙烯、聚丙烯和聚氯乙烯期货投机头寸的交易保证金比例一般为____________。

5. 强制减仓制度设计的一种方式是期货交易所将当日以涨跌停板申报的未成交平仓报单，以当日的涨跌停板报价与该合约净持仓盈利的客户按持仓比例____________撮合成交。

参考答案

一、单选题

1. A　2. B　3. C　4. D　5. B

二、多选题

1. ABCE　2. ABCD　3. BCDE　4. ABCE　5. ABD

三、判断题

1. 正确　2. 正确　3. 错误　4. 正确　5. 正确

四、填空题

1. 5%~10%　2. 无负债　3. 大户报告制度　4. 7%　5. 自动

第三章

线型低密度聚乙烯、聚丙烯和聚氯乙烯价格的主要影响因素

本章要点

本章主要讲述了期货市场以及贸易政策对线型低密度聚乙烯、聚丙烯和聚氯乙烯价格的影响，包括仓单数量、贸易商心态和对冲行为等因素都能显著影响这三个品种的价格走势。例如，影响聚氯乙烯价格的贸易政策主要包括关税调整、反倾销政策等，而氯碱行业政策如“碳达峰碳中和”和“能耗双控”则直接影响聚氯乙烯成本和价格。同时，大资金的交易行为以及期现价差也可为现货价格提供指导。

一、线型低密度聚乙烯、聚丙烯和聚氯乙烯的价格影响因素有哪些？

不管是线型低密度聚乙烯、聚丙烯还是聚氯乙烯期货，影响它们价格的因

素有很多，但主要是围绕宏观、供需、成本估值等主要核心指标来考量。此外，在交易中，由于这些品种存在金融属性，其价格也容易受到交易情绪的影响。一般来说，影响上述三个品种期货价格的因素大致相同，但也存在一些差异，主要是在上游原料、贸易方式等方面。在分析价格因素时主要考虑以下方面。

（一）宏观经济环境

不管是线型低密度聚乙烯、聚丙烯还是聚氯乙烯期货价格，都会受外围经济环境的影响，例如全球的经济形势、贸易状况、政策动向、货币政策、汇率以及股市的涨跌，这些都会影响投资者对未来经济形势的判断，从而影响期货价格。

（二）原料价格

聚丙烯的原料主要是丙烯，丙烯的产生通常涉及石油的裂解和提炼工序。因此，当石油价格波动时，聚丙烯的生产成本将随之上升或下降，并进一步影响聚丙烯期货价格。此外，包括天然气在内的其他化石燃料价格，也可能对聚丙烯价格产生影响。而线型低密度聚乙烯的主要原料是乙烯，但大部分装置还是和原油相关，所以原油价格波动会显著影响聚丙烯和线型低密度聚乙烯走势。对于聚氯乙烯而言，国内主要采用电石法制聚氯乙烯，所以原料电石价格的波动对聚氯乙烯的价格影响较大。

（三）商品供应

商品供应情况主要指能够生产线型低密度聚乙烯、聚丙烯或聚氯乙烯的工厂和设施的数量以及生产情况。如果出现新的生产装置或原有装置提升产量，说明供应增加，则可能导致相关期货品种价格下跌；反之，如果生产装置停工或需要维护，则供应就会减少，进而可能造成期货价格上涨。

（四）市场需求

线型低密度聚乙烯、聚丙烯或聚氯乙烯的用途涉及众多行业，如包装、家用产品、汽车零部件、房地产、基建管材等，因此，这些行业需求的增长或收缩将影响这三个品种的需求，进而影响其期货价格。

（五）季节性因素

在一些特定季节或节假日，包装行业或管材的需求量可能会迅速升高，从而增加对线型低密度聚乙烯、聚丙烯或聚氯乙烯的需求，并推高这些品种的期货价格。

（六）存储和运输成本

储存和运输物料都会产生费用，当这些费用发生变动时，尤其是增长时，可能会对线型低密度聚乙烯、聚丙烯或聚氯乙烯的期货价格形成支撑，因为它们提高了获取和使用相关产品的总体成本。

（七）合同交割日期

期货是购买或者卖出一定数量标的商品在未来某一时间的合同。这个未来的时间就是交割日期（到期日）。交割日越近，对于商品的真实需求和供应的情况就越明确，交易品种的期货价格的波动就可能越大。

（八）国际贸易政策

例如，政府可能会调高化石燃料和其他化工产品的进口关税，这样会增加进口成本或使进口量下降，从而可能推高相关品种期货价格；反之，如果取消或减少关税，则可能会降低进口成本或使进口量增加，从而导致期货价格下跌。

只有将以上这些因素进行综合分析，再结合各品种的市场特性和差异性，才能准确判断线型低密度聚乙烯、聚丙烯和聚氯乙烯期货价格的走势。这就需要相关企业和个人掌握一定的宏观经济知识和基本面分析能力。

二、宏观经济形势对线型低密度聚乙烯、聚丙烯和聚氯乙烯价格有什么影响?

宏观经济形势对线型低密度聚乙烯、聚丙烯、聚氯乙烯价格的影响主要表现在以下方面。

（一）国内外经济增长情况

经济增长通常意味着工业产品生产和消费需求的增长。线型低密度聚乙烯、聚丙烯和聚氯乙烯这些化工产品正是工业产品生产和消费需求的重要组成部分。当经济增长时，对上述产品的需求就会增加，导致其价格上涨；相反，当经济下滑时，对这些产品的需求会减少，其价格也可能下降。具体情形见图 3－1。

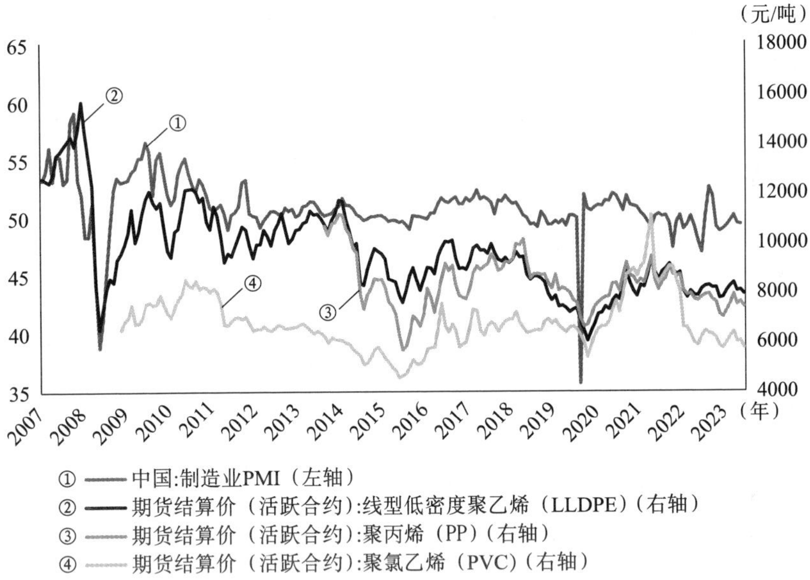

图 3－1　国内制造业 PMI 指标与线型低密度聚乙烯、聚丙烯和聚氯乙烯期货价格走势情况

资料来源：Wind，由广发期货整理。

（二）货币政策和利率

资金成本是决定化工产品价格的重要因素之一。当货币政策紧缩，利率上升时，企业的资金成本增加，很可能会把这部分成本转嫁给产品价格；反之，利率降低可能使企业的利息负担减轻，从而有利于维持或降低产品价格。

（三）国际贸易状况

各国的贸易摩擦或者贸易政策的变动，都可能对线型低密度聚乙烯、聚丙烯和聚氯乙烯等化工品价格产生影响。如进口关税上升可能导致进口原料价格上涨，反过来推高这些化工品的价格；反之，进口关税下降或者贸易壁垒的移除，则可能导致这些化工品价格下降。

（四）汇率变动

由于很多化工原料和产品都参与国际贸易，汇率变动对这些产品价格的影响不容小觑。如果当地货币有显著升值，那么进口的化工原料成本可能降低，有可能导致线型低密度聚乙烯、聚丙烯和聚氯乙烯的价格下降；相反，如果当地货币贬值，则可能推高这些产品的价格。人民币兑美元汇率与线型低密度聚乙烯、聚丙烯和聚氯乙烯进口量波动情况见图 3－2。

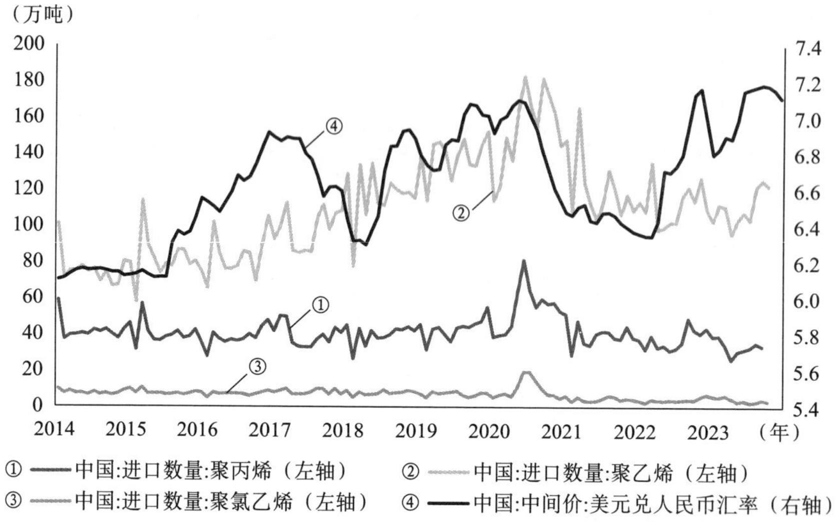

图 3－2 人民币兑美元汇率与线型低密度聚乙烯、聚丙烯和聚氯乙烯进口量波动情况

资料来源：Wind，由广发期货整理。

（五）国际能源价格

塑料制品的生产都需要大量的能源，因此，国际能源（尤其是石油、天然气和煤炭）价格的变动，会影响这些化工产品的生产成本。比如，当石油和煤炭价格上涨时，线型低密度聚乙烯、聚丙烯和聚氯乙烯的生产成本会增加，可能会抬高这些品种的期货价格（见图3－3）。

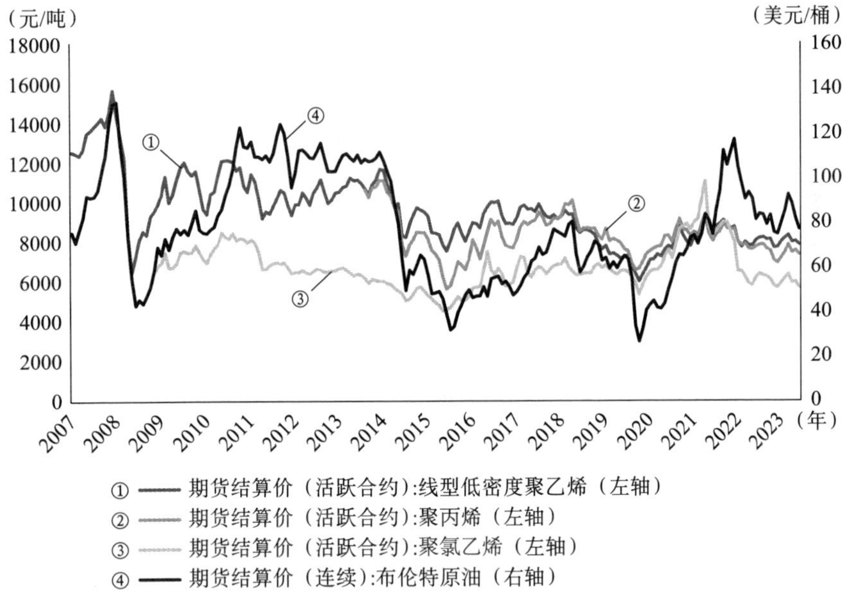

图3－3　布伦特期货价格与线型低密度聚乙烯、聚丙烯和聚氯乙烯期货价格走势情况

资料来源：Wind，由广发期货整理。

（六）其他宏观政策

此外，税收政策、环保政策、工业政策等都可能对化工产品的价格产生影响。

以上是影响线型低密度聚乙烯、聚丙烯和聚氯乙烯产品价格的主要因素，由于宏观经济的复杂性，实际影响上述产品价格的因素可能还有很多，也正是因为这种复杂性，宏观经济分析才需要专业知识和技能。

三、线型低密度聚乙烯、聚丙烯和聚氯乙烯期货及其各工艺成本是否有差异?

线型低密度聚乙烯、聚丙烯和聚氯乙烯的期货价格受多种因素共同影响，主要包括原材料成本（如原油、煤炭、甲醇、丙烯及电石价格）、生产工艺（如PDH装置利润对丙烯供应的影响、电石法工艺对PVC成本的影响等），以及宏观经济状况、政策调整和市场供需预期。原材料价格的波动直接影响生产成本，而生产工艺的效率和原料路径的选择则决定了成本结构和市场供应量，进一步影响期货市场价格。其中，原油价格和煤炭价格的变动将会扰动上述期货品种全链条工艺的成本，进而影响期货市场估值水平。总体上看，聚丙烯和线型低密度聚乙烯生产工艺较为类似，呈现多元化特征；而聚氯乙烯生产主要是乙烯法和电石法。一般，线型低密度聚乙烯、聚丙烯和聚氯乙烯的成本波动呈现较强的季节性变化规律，主要是因为这些塑料原料的生产和消费受到季节性需求波动、原料供应变化及气候条件的直接影响。我们在下文中会为大家详细分析不同因素影响下，线型低密度聚乙烯、聚丙烯和聚氯乙烯的价格变化。线型低密度聚乙烯、聚丙烯和聚氯乙烯期货及其各工艺成本比较见图3-4、图3-5、图3-6。

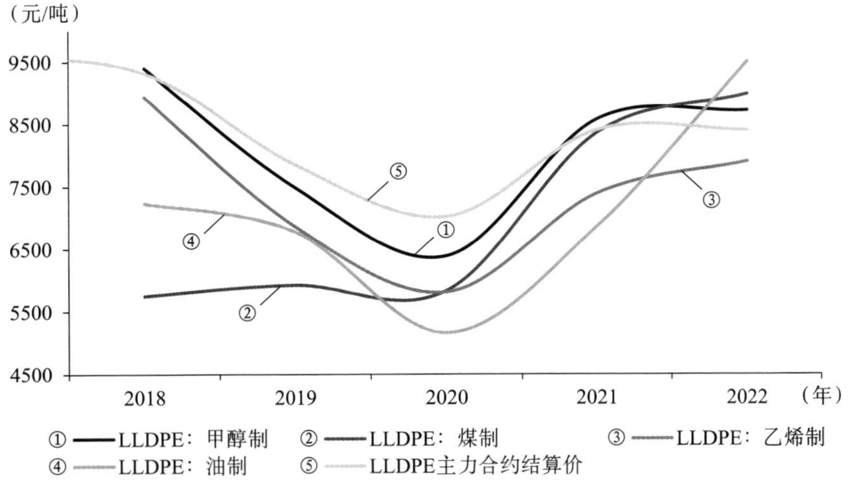

图 3－4　线型低密度聚乙烯期货及其各工艺成本比较

注：图中期货价格和成本在日频率基础上进行了年化处理。

资料来源：隆众资讯，由广发期货整理。

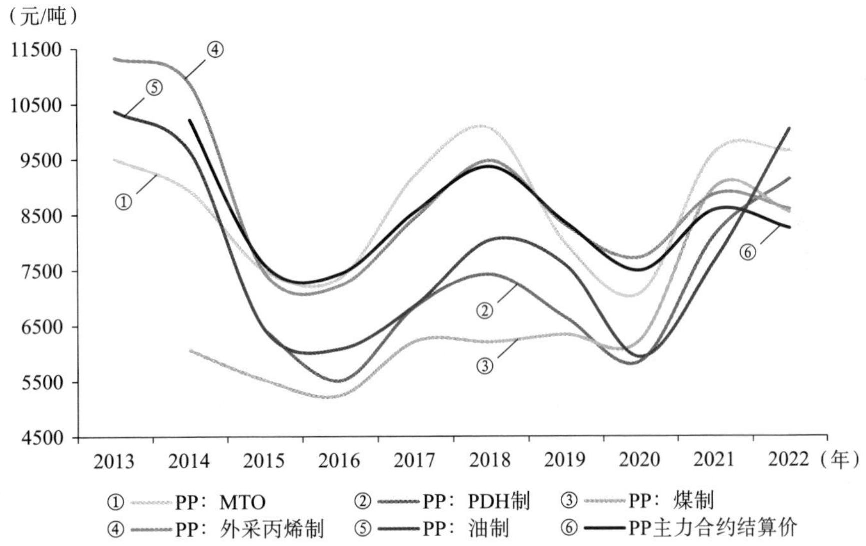

图 3－5　聚丙烯期货及其各工艺成本比较

注：图中期货价格和成本在日频率基础上进行了年化处理。

资料来源：隆众资讯，由广发期货整理。

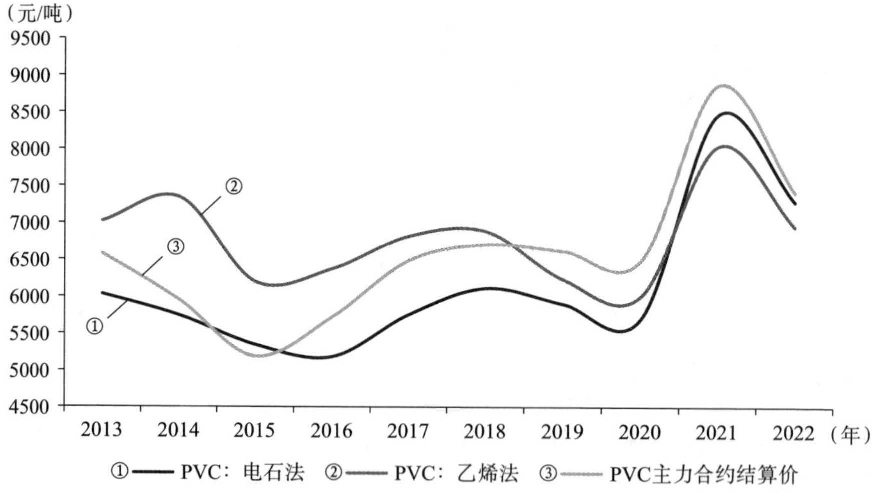

图3-6 聚氯乙烯期货及其各工艺成本比较

注：图中期货价格和成本在日频率基础上进行了年化处理。

资料来源：隆众资讯，由广发期货整理。

四、原油波动如何影响线型低密度聚乙烯、聚丙烯和聚氯乙烯的价格？

原油价格波动对线型低密度聚乙烯和聚丙烯价格的影响主要体现在以下几个方面。

首先，从生产成本角度看，线型低密度聚乙烯和聚丙烯的主要原料分别是乙烯和丙烯，这两种化学品都可以通过石油裂解的方式生产。因此，原油价格的波动会直接影响乙烯和丙烯的生产成本。当原油价格上涨时，生产线型低密度聚乙烯和聚丙烯的成本也随之上升，从而可能导致这两种商品的价格上涨；反之，原油价格下跌会使生产成本降低，这可能使线型低密度聚乙烯和聚丙烯的价格下降。

其次，从能源成本角度看，线型低密度聚乙烯和聚丙烯的生产过程都需要大量的能源，而石油是一个重要的能源来源。当原油价格波动时，企业的能源成本也会受到影响。原油价格上涨会增加生产这两种塑料原料的能源成本，从而可能推高它们的价格；原油价格下跌时，能源成本降低，也可能使线型低密度聚乙烯和聚丙烯的价格下降。

最后，从工业和消费需求角度看，原油价格波动可能引发全球宏观经济和工业生产的变化。当原油价格上涨时，各行业的成本增加，可能导致需求降低，进而影响对线型低密度聚乙烯和聚丙烯等化工品的需求和价格；相反，原油价格下跌将降低生产成本，可能刺激经济增长，提高对线型低密度聚乙烯和聚丙烯的需求，从而导致其价格上升。

但是，从价格表现上来看，聚氯乙烯期货与布伦特原油期货近5年的相关性低至不足0.3，从统计学角度看，两者的相关性应定义为弱相关。从产业链角度不难发现其中的逻辑，我国的能源特点是煤炭的储藏量非常大，所以聚氯乙烯生产工艺绝大部分为电石法，即聚氯乙烯的生产原料为煤炭而非原油。另外，在占聚氯乙烯产能约25%的乙烯法产能中，从境外购买EDC、VCM来获取原料的占大多数。在能源相对紧张而烯烃行业逐步饱和的背景下，全球乙烯及其制品与原油的走势已形成分化，两者的变化趋势和幅度均有明显出入。

其实，在实际中，还有许多其他因素可能会影响线型低密度聚乙烯和聚丙烯的价格，因此，要综合分析众多因素，才能更准确地预测它们的价格走势。

五、乙烯和丙烯分别对线型低密度聚乙烯和聚丙烯有何影响？

上文我们提到了乙烯和丙烯作为上游原料，其价格波动会影响线型低密度聚乙烯和聚丙烯的成本。简单讲就是乙烯是生产线型低密度聚乙烯的关键原料，而丙烯则是生产聚丙烯的关键原料。因此，乙烯和丙烯的供需产生的价格波动会直接影响线型低密度聚乙烯和聚丙烯的生产成本。当乙烯价格上涨时，线型低密度聚乙烯的生产成本增加，可能导致线型低密度聚乙烯价格上涨。同样，当丙烯价格上涨时，聚丙烯的生产成本也会增加，从而可能推高聚丙烯的价格。反之，乙烯和丙烯价格下跌时，线型低密度聚乙烯和聚丙烯的生产成本可能会降低，进而导致它们的价格也下跌。

六、石脑油和天然气对线型低密度聚乙烯和聚丙烯有影响吗?

从生产工艺看，在美国，页岩气（一种天然气）开采量大，乙烯大部分由天然气中的乙烷裂解而来。而在我国，乙烯主要由石油裂解得到，因此，石脑油和天然气的价格波动，可能会影响不同地区线型低密度聚乙烯和聚丙烯的生产成本，进而影响全球线型低密度聚乙烯和聚丙烯的价格。此外，石脑油和天然气的产量、供应情况也会影响线型低密度聚乙烯和聚丙烯的价值。如果石脑油和天然气供应紧张，那么乙烯和丙烯的生产可能会受到影响，进而抬升相关品种的期货价格。

七、煤炭对线型低密度聚乙烯、聚丙烯和聚氯乙烯有何影响?

首先，煤炭可以通过煤制甲醇转化为烯烃（如乙烯和丙烯），作为生产线型低密度聚乙烯和聚丙烯的起始原料。我国作为产煤大国，煤炭可以作为甲醇及下游产品的生产原料，然后进一步生产乙烯和丙烯。因此，甲醇生产的状况、煤炭市场的供需平衡以及国际煤炭市场价格变动，都可能影响乙烯和丙烯的产量，进而使煤炭和甲醇的价格出现波动，对线型低密度聚乙烯和聚丙烯的生产成本产生一定影响。虽然煤炭和甲醇制法占线型低密度聚乙烯和聚丙烯产能的总量有限，但是一旦它们的价格发生变化，也会在线型低密度聚乙烯和聚丙烯期货盘面上体现出来。

在我国，生产聚氯乙烯的工艺以电石法为主，其主要原料为电石，追溯至源头，其原料就是煤炭。此外，聚氯乙烯为高耗能行业，在电石生产过程中，单吨耗电在3200～3500千瓦时，在制备聚氯乙烯环节中又耗电500千瓦时。因此，电石法制聚氯乙烯单吨需用约7000度电，折合煤炭消耗量3吨，能源成本占生产成本比重超过50%。因此，在我国，聚氯乙烯作为煤化工产品，其价格在一定程度上受煤炭涨跌的影响。

此外，在分析价格因素时，我们也要考虑政府的环保政策和碳排放限制对煤炭和甲醇市场的影响，因为环保等政策性限产将抬升线型低密度聚乙烯或聚丙烯的盘面价格。

八、液化石油气对聚丙烯有何影响?

简单来说，液化石油气（LPG）中的丙烷可以被裂解成丙烯，而丙烯是生产聚丙烯的主要原料。因此，液化石油气的价格和供应量也会影响丙烯的价格和供应量，从而影响聚丙烯的生产成本和市场价格。如果液化石油气的供应稳定，并且价格适中，那么它可以作为一种经济实惠的提供丙烯的原料。如果液化石油气的价格上涨或供应量降低，聚丙烯的生产成本可能会增加，从而影响聚丙烯的期货价格。

九、供应量变化如何对线型低密度聚乙烯、聚丙烯和聚氯乙烯价格产生影响?

一方面是供应量增加的情况，根据宏观经济学的供需理论，如果线型低密度聚乙烯、聚丙烯和聚氯乙烯的供应量增加，且需求量保持稳定，通常会导致上述三种产品的价格下降。供应量增加的原因可能包括新的生产厂商进场、现有厂商的生产能力提升、原料供应丰富等。供应量增加可能会引发市场竞争进一步激化，迫使一些生产厂商降低销售价格以保持销量。2022 年我国聚丙烯、聚乙烯和聚氯乙烯产能都达到历史新高，随着产能的不断释放，根据卓创资讯的统计口径，2024 年我国聚丙烯和聚乙烯产能将双双突破 4000 万吨大关，聚氯乙烯产能也将接近 300 万吨关口，可能会加剧结构性过剩问题，从而导致线型低密度聚乙烯、聚丙烯和聚氯乙烯期货价格下行压力增加。

另一方面是供应量减少的情况，如果线型低密度聚乙烯、聚丙烯和聚氯乙烯的供应量减少，且需求量保持稳定，那么上述三种产品的价格通常会上涨。供应量减少可能是由生产厂商遭遇破产、自然灾害、工厂维修停产或者原料价格飙升等造成的。在供应紧张的情况下，呈现出供不应求的情况，价格可能就会上涨。例如，2023 年 6 月，线型低密度聚乙烯期货价格上涨，主要是检修集中化带来的效果。随着 6 月聚乙烯生产企业排产计划陆续公布，6 月聚乙烯检修损失量增长至 33 万吨左右，高于前期预计的 26 万吨，供应量比预计减少 7 万吨左右，于是市场心态开始转变，线型低密度聚乙烯期货价格稳步上涨。此外，2016 年国内供给侧结构性改革下，政策端限制聚氯乙烯行业产能无序投放，2017—2018 年我国环保督察工作更加严格，开始实施蓝天保卫战等环保政策，以加速我国整治污染物排放不达标，没有进行清洁生产的企业，所以，政策性减产就阶段性地推动了聚氯乙烯价格上涨。

十、需求量变化如何对线型低密度聚乙烯、聚丙烯和聚氯乙烯价格产生影响？

第一种情况是需求量增长。如果线型低密度聚乙烯、聚丙烯和聚氯乙烯的需求量增加，而供应量保持相对稳定的话，那么价格可能会上涨。下游产品膜料或包装需求量的增加可能是因为市场需求增长，如某一传统下游产业扩张较快，对线型低密度聚乙烯或聚丙烯的消费需求大增。又如，基础建设中，若投资规模增加，必然促进基建项目开工范围扩大，从而促进线型低密度聚乙烯、聚丙烯和聚氯乙烯的需求量增长。同时，在需求量增长的情况下，若线型低密度聚乙烯或聚丙烯本身的供应量减少，就会导致供需失衡，进一步导致价格上涨。

第二种情况是需求量下降。在终端消费比较萎靡的情况下，如果因为宏观经济周期性下行导致终端需求减少，那么线型低密度聚乙烯、聚丙烯和聚氯乙烯的传统下游消费规模就会减少。而这时供应量如果保持稳定的话，那么上述品种的期货价格可能会下跌。需求减少可能受多方面的原因影响，如消费者需求下降、替代品的出现、应用领域的减少、政策性限制消费等。在需求降低的情况下，可用的线型低密度聚乙烯或聚丙烯的供应量若增加，则会导致相关品种期货价格下跌。

第三种情况是季节性需求变化。对于塑料下游领域来说，它们的消费规律可能受季节性因素的影响，如房地产行业在春夏季节对聚丙烯、聚氯乙烯的需求可能大于冬季，而农业种植季节对线型低密度聚乙烯的消费量明显高于农业淡季，因此，在需求较高的季节，相关品种的期货价格可能会上涨。

十一、库存水平如何主导线型低密度聚乙烯、聚丙烯和聚氯乙烯的价格走势？

库存是指企业或市场中处于未售状态的产品数量。目前，就线型低密度聚乙烯、聚丙烯和聚氯乙烯行业来看，库存可以细化到三级：首先是石化、氯碱企业上游库存，这些是生产企业库存压力的指标。其次是贸易商库存，一般也会衡量贸易商对市场情绪的好坏。最后是下游厂家原料库存，这代表了比较靠近终端市场的下游生产企业消费预期情况。如果终端消费旺盛，则下游生产商可能会多从贸易商手里备货以稳定生产。这就存在几种情况，一是当线型低密度聚乙烯、聚丙烯和聚氯乙烯上游库存水平过高时，这意味着生产商那里的未售产品数量很多。这可能表明上游出现了供应过剩或者贸易商需求减弱的现象。为了清空库存、提高资金周转率且保持生产线正常运转，上游石化企业可能选择降低价格以刺激贸易商购买。因此，在上游库存水平高的情况下，线型低密度聚乙烯、聚丙烯和聚氯乙烯的价格下行压力往往会比贸易商和下游库存水平高的压力更大。

二是当上游石化、氯碱企业库存水平过低时，特别是在检修比较集中的季节，这意味着企业手中的未售产品数量不足，表明线型低密度聚乙烯、聚丙烯和聚氯乙烯生产企业供应短缺或者下游需求增加。在库存紧张的情况下，上游生产商和中游分销商可能会提高价格，以实现利润最大化。因此，在库存水平低的情况下，线型低密度聚乙烯、聚丙烯和聚氯乙烯的市场价格往往会上涨。

三是当线型低密度聚乙烯、聚丙烯和聚氯乙烯的上游到下游的库存水平适中时，意味着市场的供需关系相对平衡。在这种情况下，价格通常会维持在一个相对稳定的范围，此时的价格波动可能受其他因素（如生产成本、原材料价格、宏观经济等）的影响较大。

十二、替代品对线型低密度聚乙烯、聚丙烯和聚氯乙烯价格的影响是什么？

替代品对线型低密度聚乙烯和聚丙烯价格的影响主要体现在市场竞争和需求变动上。当有其他材料可以在某些应用领域取代线型低密度聚乙烯和聚丙烯时，消费者可能会从价格、性能和可用性等方面进行比较，从而影响线型低密度聚乙烯和聚丙烯的价格走势。

首先是替代品价格波动。如果替代品的价格下降，消费者可能会转向购买成本更低的替代品，从而减少对线型低密度聚乙烯和聚丙烯的需求，导致它们的价格下跌。相反，如果替代品价格上涨，消费者可能会转向购买线型低密度聚乙烯和聚丙烯，增加它们的需求量，从而使它们的价格升高。例如，如果将低密度聚乙烯（LDPE）、高密度聚乙烯（HDPE）、聚丙烯粉料和聚氯乙烯作为线型低密度聚乙烯和聚丙烯的部分替代品，则上述产品的价格变化可能会对线型低密度聚乙烯和聚丙烯的价格产生影响。如图 3 - 7 显示的聚丙烯粒料和粉料的价格走势。

图 3 - 7　聚丙烯粒料（标准品）和粉料（非标品）的价格走势情况

资料来源：Wind，由广发期货整理。

其次是替代品性能变化。替代品性能变化也会对线型低密度聚乙烯或聚丙烯价格产生影响。如果替代品的性能得到优化或改进，使它们在某些应用领域成为更具吸引力的选择，可能会减少下游企业对线型低密度聚乙烯和聚丙烯的需求量，导致其价格下降。相反，如果线型低密度聚乙烯或聚丙烯在特定领域的性能优势得到进一步加强，则企业可能增加对它们的需求，并推动其价格上涨。

十三、相关商品与线型低密度聚乙烯、聚丙烯和聚氯乙烯有何关联？

前文我们说了线型低密度聚乙烯、聚丙烯和聚氯乙烯期货价格波动具有高度的趋同性，线型低密度聚乙烯、聚丙烯和聚氯乙烯之间的价格相关性很高，三者之间的走势非常一致，主要原因是它们的生产原料有部分是相同的。其中，原油在炼制成品油过程中，会同时产生乙烯和丙烯，分别是聚乙烯、聚氯乙烯和聚丙烯的主要原料，制 1 吨聚乙烯约需要 1 吨乙烯，聚丙烯与丙烯之间量的关系也是 1∶1，故本质上两者之间的价值基本相当，因此，市场价格趋势上也基本一致。

除了它们三者的价格走势趋同外，还有其他期货品种在某些时段的价格走势和它们三个品种的价格走势有一致性，比如上游已经上市的原料期货品种。线型低密度聚乙烯和聚丙烯的主要原材料是石油、煤炭，在期货盘面上，国内外油价波动以及煤炭相关期货品种的波动有些时候可能会对线型低密度聚乙烯和聚丙烯的生产成本形成支撑，从而影响它们的价格。例如，如果原油、甲醇、煤炭或者液化石油气价格上涨，线型低密度聚乙烯、聚丙烯或聚氯乙烯的生产成本可能随之增加，这可能导致线型低密度聚乙烯、聚丙烯和聚氯乙烯的价格上涨。此外，考虑到期货具有的金融属性，如果某一宏观事件引发了能源化工板块的集体共振，则线型低密度聚乙烯、聚丙烯或聚氯乙烯也会因为共振，价格出现大幅上行或走弱。需要注意的是，由于各期货市场都有其自身的特点和复杂性，相关商品期货对线型低密度聚乙烯或聚丙烯的影响并不总是发生，且影响程度也会根据具体情况而有所不同。

十四、大连商品交易所仓单对线型低密度聚乙烯、聚丙烯和聚氯乙烯价格有什么影响？

现货商把符合交割标准的货物运到交易所的交割仓库，质检机构检验合格后，交割仓库给货物持有人开具标准仓单注册申请表，由会员代货物持有人到交易所办理仓单注册手续，经过注册的仓单才可以进行交割，其总数是交易所公布的库存数量。已经注册的仓单同样可以办理注销手续，但此时仓单所标示的货物未必已经出库，可能还在交割库存放着。

当某个月份的合约履行交割手续后，会有部分仓单办理注销和出库手续，因为每次交割都会有部分仓单进入现货市场流通。有时候参与期货交易的主力为了影响价格，会通过注册、注销仓单来改变交易所公布的库存数量，造成货源时多时少的迷局。比如当参与期货交易的主力希望价格上涨时，就把持有的注册仓单大量注销，造成可交割货物不足的表象，从而引发交易者对未来价格的预期，而实际上可交割的货物并没有减少，还在仓库里面存放着。当参与期货交易的主力希望价格下跌时，他们又会把仓单再次注册，造成货物增多的现象，使期货价格受此影响而下跌。通常情况下，仓单增多说明现货商认为目前价格有利，希望在期货市场抛售，从而在一定程度上抑制价格上升，仓单减少则相反。

此外，大连商品交易所也会公布注册仓单数量和实际提货情况，如果注册仓单数量较多，但实际提货情况较少，那么这可能会被市场解读为持有者更愿意持有商品而不进行交割，或者是市场预期价格上涨，这都可能带动价格上涨。然而，如果注册仓单数量较多，实际提货情况也频繁，这可能被解读为市场上的实物需求较大，可能会支撑或提升期货合约价格。

十五、贸易商心态变化能否对线型低密度聚乙烯、聚丙烯和聚氯乙烯价格产生影响?

所谓贸易商心态，指的是投资者普遍具有的一种心理活动，即买涨不买跌的心态。而在我国的石化产品（包括线型低密度聚乙烯、聚丙烯和聚氯乙烯）销售网络中，贸易商承担着承上启下的作用，一方面从石化厂或者外国供应商手中进货，另一方面向国内终端用户供货，满足下游企业的生产需要。因此，贸易商心态的变化对市场的影响明显大于终端用户对市场的影响。

此外，国内贸易商普遍拥有固定的客户资源和各自的进货渠道，拥有足够的资金实力和库存能力。因此，一旦贸易商认为价格可能下跌，他们就会延缓进货或降低库存。其结果是，上游企业的销售数量下降，库存难以消化，导致价格下调的压力加大。与此相反，一旦贸易商预期价格上涨，就会扩大采购规模和增加库存，结果石化库存下降，涨价压力随即显现。事实上，贸易商买涨不买跌的心态，使本已出现的价格趋势或者苗头得以强化。其作用类似于催化剂，催生或者强化上涨或者下跌行情趋势对市场的影响。

从整体上看，贸易商心态的变化严重影响其采购行为，或从积极采购转变为消极采购，或从消极采购转变为积极采购。积极采购意味着石化企业库存将快速下降，而消极采购则意味着上游企业库存难以消化。

例如，每当上游企业库存偏高时，投资者普遍预期有可能降价。因此，一些贸易商将会延缓或者减少进货，并积极出货以降低自身的库存水平。结果，上游的库存可能继续增加，进一步加大了上游企业降价的压力。与此相反，每当上游企业库存偏低时，投资者普遍认为上游企业可能涨价。在这种情况之下，贸易商便会积极进货，或增加进货数量。结果，上游企业库存继续下降，涨价的压力进一步加大。

十六、定价销售与挂牌销售之间有什么不同？

塑料行业普遍采取的一种销售方式就是与生产企业签订长期订货合同，确定年度采购数量和月度计划数量，并支付一定数额的预付款。而月末则需按生产企业的当月出厂价进行结算，多退少补，这就是所谓的定价销售。

然而，当市场价格持续下跌时，如按市场价格进货，贸易商不但无利可图，反而需要承担亏损的风险。在这种情况下，贸易商显然不愿意接受生产企业单方面确定的价格。这就出现了另外一种销售形式——挂牌销售。

石化企业提供挂牌价的意思是，即使代理商按挂牌价将产品卖给终端用户，也可以获得一定的补偿，即石化企业会以低于挂牌价的价格与代理商进行结算，保证贸易商不至于亏损。这种方法在一定程度上消除了代理商的顾虑，使石化企业与代理商之间的供货合同得以正常、稳定地执行。这样既保证了石化企业的利益，又保证代理商不会受到伤害。然而，尽管代理商没有亏损，也失去了盈利的机会或者降低了盈利水平。其实，为了维系与终端客户之间的关系，代理商也不得不以较为优惠的价格将商品出售给客户。

换句话说，石化企业推出挂牌价有其特定含义，一方面预示着石化企业的态度并不那么坚决。愿意以低于挂牌价的价格与代理商进行结算，只是希望代理商销售给其用户的价格不要低于石化企业的挂牌价。另一方面，石化企业已经意识到维持原有的价格不变不利于销售。

十七、生产企业缺位会影响期货价格吗？

我国期货市场的参与者大体上可分为生产商、贸易商、消费企业和投机者四大类，且不同类型的参与者对期货交易有着不同诉求。例如，生产商参与期货交易的主要目的是规避产品价格可能下跌的风险，特别是在预期产品价格可能下跌时。与此相反，消费企业参与期货交易的目的，主要是规避原材料价格可能上涨的风险。而贸易商参与期货交易的目的则是两者兼而有之，既要考虑规避价格上涨的风险，也要考虑规避价格下跌的风险。此外，贸易企业还要考虑规避签订进口合同之后和到货之前企业面临的风险，也不排除参与投机交易的可能性。

我国的线型低密度聚乙烯、聚丙烯和聚氯乙烯的生产企业基本属于“三桶油”和以煤炭为核心的能源集团。这些企业因为综合实力较强，基本上覆盖了产业链上下游，对定价的影响力较大。因此，它们都没有大规模地参与国内期货市场的交易。所以，不管是线型低密度聚乙烯期货、聚丙烯期货还是聚氯乙烯期货，期货市场都缺少了一支天然的主力军。早些时候，国内不少代理商参与了期货卖出套期保值交易，但它们的规模普遍偏小，能够用于交割货物的数量相对有限。

随着市场的不断进步，某些生产企业的缺位已经不会对目前我国线型低密度聚乙烯、聚丙烯和聚氯乙烯期货市场有强烈的影响了。因为经过多年的发展，我国期货市场已经趋于成熟，随着大量贸易商、做市商和投资者的进入，盘面多空阵营对比已经趋于均衡。近年来，大型国企和央企也在尝试利用线型低密度聚乙烯、聚丙烯和聚氯乙烯期货进行风险管理，还有的企业期望通过加强期现联动交易使经营规模再上一个台阶。

十八、贸易商的对冲行为能否成为影响价格的重要因素？

在我国的贸易商队伍中，大多保有一定数量的线型低密度聚乙烯、聚丙烯和聚氯乙烯的常备库存，特别是非石化企业代理商，其库存水平变化很大，时高时低。这主要是由于非石化企业代理商没有直接从石化企业进货的权利。因此，当国际市场价格低于国内时，他们便会大量进口囤积货物。

库存保有量较大的贸易商，通常会在期货市场上采取对冲操作，规避价格可能下跌的风险，当价格可能下跌时，企业通常会在期货市场上卖出一定数量的期货，对冲现货市场上暴露的风险敞口。参与对冲的企业越多，市场上做空的力量就越大。

近些年，期货交易对线型低密度聚乙烯、聚丙烯和聚氯乙烯市场的现货价格的指导作用越发明显，若期货盘面行情出现明显起伏，在基差的作用下，现货市场会根据供需水平和情绪向上或向下跟随期货价格进行基差修复。而贸易商则会根据期货盘面的波动情况，择机进行基差交易，从而对现货市场产生影响。

十九、如何看待大资金的交易行为？

资金的大小是一个相对概念，与品种或者期货合约的持仓规模有关。到目前为止，在线型低密度聚乙烯和聚丙烯期货市场上排在前五位的持仓通常仅为15000～80000手，超过100000手的情况都不多见，而聚氯乙烯期货由于近年的关注度高，市场活跃度明显提升，排在前五位的持仓通常在30000～100000手。比如线型低密度聚乙烯期货交易，与大约32万手的总持仓规模相比，单一席位的持仓规模约占总持仓的5%。我们有理由认为：在目前的线型低密度聚乙烯期货市场上，持仓能力超过15000手的属于大资金；而大资金的持仓变化往往对期货合约的价格产生较大的影响。

对于线型低密度聚乙烯来说，如果一天之内某一主力机构增持或者减持多单或者空单的数量超过了15000手，那么该合约价格就可能发生明显变化。而当主力机构持仓变化较小时，线型低密度聚乙烯的价格变化往往较为温和，且幅度有限。可以认为，在目前的线型低密度聚乙烯期货市场上，大资金或主力机构的交易行为，对期货价格有明显的影响。

事实上，在基本面没有出现重大变化或没有重大信息推动的情况下，线型低密度聚乙烯的价格波动通常不大，除非主力资金有所动作。

然而，主力机构的持仓变化往往得到了基本面或者其他方面的支持。例如，当聚丙烯供需基本平衡，且现货市场价格与石化生产成本较为接近时，机构就可能根据基差表现的强弱情况入场做多。其结果是，当聚丙烯期货价格出现大幅上涨时，带动了聚丙烯现货价格和石化企业出厂价的上涨。

二十、期现价差的运动揭示了什么？

在期货市场上，我们通常将现货价格与期货价格之间的差价称为基差。同时，因为交割移仓换月的原因，聚烯烃相关品种的期货的主力合约往往远离交割月合约。因此，我们后续内容所涉及的基差，通常指的是现货和期货主力合约价格之间的差异。2021—2023年线型低密度聚乙烯、聚丙烯和聚氯乙烯的基差变化情况见图3－8。

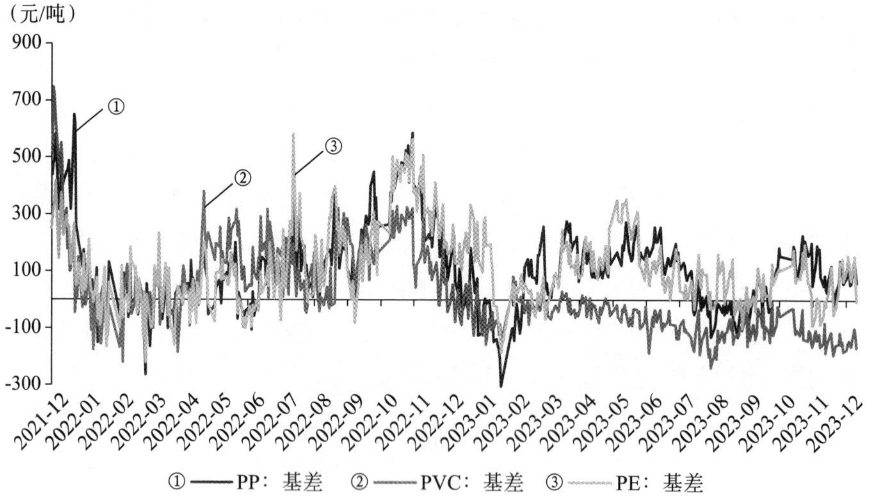

图 3-8 线型低密度聚乙烯、聚丙烯和聚氯乙烯的基差变化情况

资料来源：隆众资讯，由广发期货整理。

正常情况下，期货价格反映的是“现货价格+持仓成本”，这就意味着远月合约的价格高于现货或者近月合约的价格。由于预期的变化，期货合约的价格有时会高于“现货价格+理论上的持仓成本”，有时也会低于“现货价格+理论上的持仓成本”，并且现货和期货价格的弹性扩张或收缩，也会使基差波动幅度出现不同方向变化。

基差强弱的变化，可以为投资者提供一种判断价格走势的方法。通常情况下，基差走阔预示着期货端价格可能上涨，而基差缩窄或者负价差走阔预示着期货价格可能有走弱压力。

二十一、期货价格与石化企业定价之间是否存在某种联系？

期货市场的基本功能之一就是“价格发现”。也就是说，期货价格的变化超前于现货价格，并对现货市场价格产生影响。正是由于期货市场的这一功能，在现代的国际贸易活动中，进出口价格的确定通常采用点价方式，即根据某一天期货市场的价格加上升贴水确定，而买方有权在一定的期限内选择点价日期。这种方法在金属以及农产品的国际贸易活动中普遍采用。

值得注意的是，线型低密度聚乙烯、聚丙烯和聚氯乙烯都属于石化中间体，是生产过程中的一种“中间”或者“过渡”形态，需要进一步加工才能成为产成品。中间体除了用于下道工序加工之外别无他用。正是由于石化中间体的这种“过渡”或者“中间”特征，才导致了石化中间体的价格形成不同于其他商品。虽然，近年来随着期货品种的成熟，市场越来越多地考虑了点价交易、含权贸易等方式进行线型低密度聚乙烯、聚丙烯和聚氯乙烯的大宗交易，但是传统贸易仍占据主流。中间体的定价权依然控制在生产企业手中，其市场定价的程度弱于其他商品。

二十二、炼化一体化对价格弹性有什么影响?

在我国，炼化一体化是大型石化企业特有的一种现象，其内涵是上游炼油能力必须与下游加工能力配套。炼化一体化的必然结果之一是企业必须保持均衡生产。换句话说，石化企业在生产诸多产品（如汽油、柴油、煤油、燃料油、石脑油、烯烃、芳烃等）时必须进行均衡生产。首先，石化企业应在满足国内汽/柴油需求的前提下，尽可能平衡其他主要油品的生产；其次，烯烃和芳烃生产必须与石脑油出率（产量）相匹配。氯碱一体化则在生产聚氯乙烯的同时连带产出烧碱。近年来，以碱补氯格局下，烧碱端利润可覆盖聚氯乙烯方面的亏损。

炼化一体化的主要优势在于其能够提高效率、降低成本、增强稳定性，并增加对互相关联的原油、煤炭和化工产品市场的调节能力。首先是降低价格弹性。炼化一体化可以帮助企业降低生产成本，因此这些企业可能不会随着原材料价格的波动而频繁变动，这也意味着线型低密度聚乙烯、聚丙烯和聚氯乙烯的价格弹性可能会降低。其次是提高供应稳定性。由于一体化可以提高生产的稳定性，即使在市场变动（如需求变动或原材料价格变动）时，线型低密度聚乙烯、聚丙烯和聚氯乙烯的供应量也可能保持稳定，这也可能会降低这些产品的价格弹性。最后，一体化具有更强的市场调节能力。炼化一体化装置企业可能会根据市场条件小幅调整其生产，例如当线型低密度聚乙烯的利润较好时，它们可能会小幅增加线型低密度聚乙烯的产量，降低其他乙烯下游产品的产量。

二十三、季节性需求能否对市场构成冲击？

线型低密度聚乙烯、聚丙烯和聚氯乙烯在不同行业和应用场景中有广泛的用途，这些行业和应用场景可能会受到季节性因素的影响，进而对相关品种需求和期货价格产生影响。例如，线型低密度聚乙烯和聚丙烯在包装和膜料领域应用广泛，如生产水管、薄膜等，二者的农业生产季节性较为明显，在特定季节存在对线型低密度聚乙烯和聚丙烯需求增加或减少的情况，从而使二者产生价格波动。而在食品包装和消费品包装消费旺季，如春节、国庆或“双十一”购物节等，包装业对这些材料的需求可能会激增，从而推动二者价格上涨。此外，基建和房地产市场是聚氯乙烯或聚丙烯的主要消费下游产业，聚氯乙烯或聚丙烯主要用于生产管道、电线套管和门窗等。在一些地区，建筑业的季节性需求可能会受到气候和季节的影响，例如，在寒冷季节，建筑项目可能会减少，这可能会导致聚氯乙烯和聚丙烯的季节性需求波动，从而影响二者的期货价格波动。

二十四、为什么说房地产市场是聚氯乙烯需求的风向标?

我们先来了解一下聚氯乙烯的消费。聚氯乙烯制品分为软制品和硬制品，近年来在我国以及国外，聚氯乙烯中的大约60%用于硬制品。聚氯乙烯软制品主要用于鞋子及鞋底材料、人造革、薄膜、地板革、壁纸、发泡材料等；聚氯乙烯硬制品主要用于管材、管件、型材、门窗、硬片、板材和其他型材等。我国聚氯乙烯产品最大消费领域是管材，主要用于制作管道，约占聚氯乙烯总消费量的34%，其次是型材，用于制作门框、窗框等，两者均用于地产、基建领域。因此，国内房地产市场的发展态势对聚氯乙烯的需求起决定性的作用。换句话说，房地产是聚氯乙烯需求的风向标。从长周期数据看，聚氯乙烯周期与房地产周期基本吻合。2008—2014 年，房地产行业相对疲弱，在此期间，聚氯乙烯行业供过于求也越发严重，价格一路下跌。从 2015 年起，国内托底房地产，我国房地产在政策不断出台下迎来新一轮的强势周期，再叠加供给侧结构性改革，因此，在供需两端同步发力下，聚氯乙烯行业回归紧平衡，价格重心上移。2022 年伴随房企资金压力增大、暴雷不断，房地产景气度坠入谷底，居民的购房意愿下降，信心已显不足。在房地产数据不断走低的情况下，聚氯乙烯市场预期需求弱势，行业利润明显压缩。此外，影响房地产未来发展的一些重大决策，我们也要关注。例如，2022 年 7 月 28 日，中共中央政治局会议首次提出保交楼工作任务，随后住建部、财政部、中央银行等不断推出政策跟进。在政策驱动下，房地产竣工数据明显好转，由 2022 年 7 月的同比 -23.3% 上升至 2023 年 2 月的 8%。另外，我国目前也在加强基础设施建设投资，这对聚氯乙烯的消费有一定的拉动作用。2000 年 2 月至 2023 年 2 月国内房地产主要数据见图 3-9。

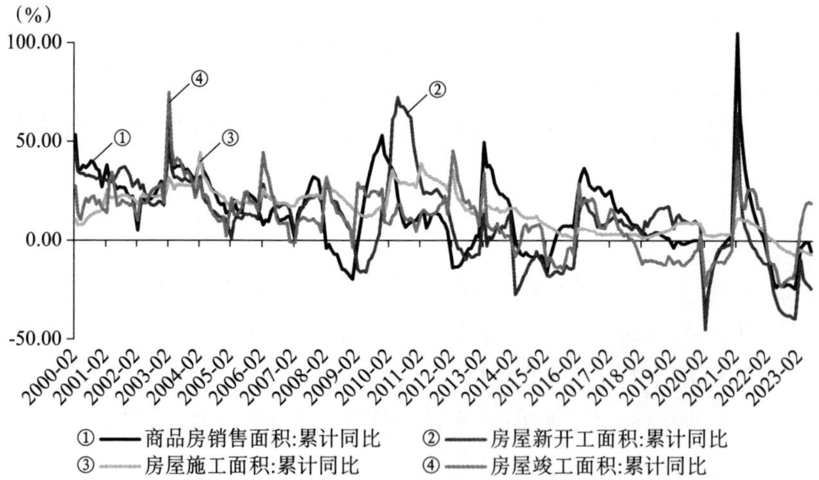

图 3-9　国内房地产主要数据

资料来源：Wind，由广发期货整理。

二十五、影响我国聚氯乙烯价格的贸易政策有哪些？具体影响如何？

目前，影响我国聚氯乙烯价格的贸易政策主要有进口关税的调节、出口退税的调节以及倾销与反倾销制裁等。对国内进出口影响最明显的政策是反倾销政策，包括国内对海外、海外对国内的反倾销政策。

我们先来了解我国聚氯乙烯进出口的贸易流向（见表 3-1）。国内进口货源主要来源于美国、中国台湾及日本，不过，随着国内供给的增加，进口货源占比及影响越来越小。国内聚氯乙烯出口排名靠前是印度、俄罗斯和东南亚（包括马来西亚、越南、泰国、缅甸等）地区。近些年，随着中国推行“一带一路”倡议，中亚、中东国家（包括乌兹别克斯坦、哈萨克斯坦、土耳其、埃及）的市场需求也为中国聚氯乙烯出口带来新的机遇。

表 3－1　　2019—2023 年中国聚氯乙烯出口情况　　（单位：万吨）

国家或地区	2019 年	2020 年	2021 年	2022 年	2023 年 1－9 月
印度	6.45	4.57	30.41	58.24	89.6
马来西亚	5.7	5.17	7.07	2.61	3.07
越南	1.59	4.78	21.97	19.71	7.77
乌兹别克斯坦	9.22	6.83	6.43	7.12	7.09
俄罗斯	3.7	1.72	6.5	9.95	4.22
泰国	2.22	4.09	5.45	3.81	6.38
哈萨克斯坦	5.31	4.61	7.46	6.71	4.46
孟加拉国	3.02	5.71	16.01	9.09	4.71
其他	13.55	25.4	74.13	79.34	49.26

资料来源：隆众资讯，由广发期货整理。

目前，印度是全球最大的聚氯乙烯进口国，也是中国最重要的聚氯乙烯出口贸易伙伴。之前由于印度推行反倾销政策，限制中国聚氯乙烯粉对其出口的数量。但是，随着 2022 年印度对中国聚氯乙烯实施的反倾销政策的到期，中国出口至印度的聚氯乙烯数量明显增加。2023 年 1 月至 7 月，中国出口至印度的聚氯乙烯粉达 62.71 万吨，已经超过 2022 年全年水平，占同期国内出口总量比重接近 50%。印度作为我国聚氯乙烯粉主要出口国，其市场表现对国内出口市场影响较大。目前，印度现有聚氯乙烯产能为 160 万吨左右，印度阿达尼集团计划投资的 200 万吨的采用电石法制备聚氯乙烯产能预计在 2026 年投产，因此未来两三年印度产能不会大规模扩大，而印度年需求在 400 万吨左右，这导致印度聚氯乙烯市场对外依存度较大。从进口结构来看，中国境内、中国台湾、日本、韩国一直是印度聚氯乙烯进口的主要来源地，之前印度对我国征收反倾销税的这部分需求转向中国台湾、日本、韩国等地，日本一度占据印度聚氯乙烯进口量第一的位置。不过 2022 年随着对我国实行的反倾销政策的结束，中国可能会长时间成为印度聚氯乙烯的主要进口国。此外，国际市场上美国拥有 200 万～300 万吨的出口规模，其相对低的成本使美国在印度聚氯乙烯市场上成为中国最直接的竞争者。

二十六、我国氯碱行业主要有哪些相关的行业政策？对聚氯乙烯价格有何影响？

2007 年，为促进氯碱行业稳定健康发展，防止低水平重复建设，提高行业综合竞争力，依据国家有关法律法规和产业政策，按照“优化布局、有序发展、调整结构、节约能源、保护环境、安全生产、技术进步”的可持续发展原则，我国对氯碱（烧碱、聚氯乙烯）行业提出行业准入条件——《氯碱行业准入条件》。该标准促进了行业集中化、标准化发展格局的形成，提倡氯碱行业要成为一个产品种类多、产品链长、环保治理工作较多的行业，因为发展循环经济可以产生巨大的经济效益和社会效益。

我国能耗“双控”政策是指推动单位 GDP 能耗降低和控制能源消费总量。2021 年“碳达峰碳中和”措施的严格落实给聚氯乙烯行业带来明显影响。据统计，内蒙古地区 2020 年电石产量 964 万吨，占全国产量的比重高达 33.38%。2020 年上半年内蒙古地区因能耗“双控”停产、提前检修或限产限电的实施，企业涉及电石的日损失量约 4200 吨，约占全国总产量的 5.3%。2021 年内蒙古单位地区生产总值能耗降低目标为 5%，即单个企业的能耗总值比 2020 年降低 5%，则 2021 年内蒙古地区的电石总产量要减少 55 万吨。电石下游产能的 84.1% 用于生产聚氯乙烯，电石供应量的减少导致电石价格迅速上涨，电石法制备聚氯乙烯的生产成本随即增加，导致聚氯乙烯价格强势上涨。

自测题

一、单选题

1. 线型低密度聚乙烯和聚丙烯的主要原材料是（　　）。

A. 石油和煤炭　　B. 水和空气

C. 铁和木材　　D. 太阳能和风能

2. 当大连商品交易所公布的仓单数量较多而实际提货较少时，这可能会被市场解读为（　　）。

A. 市场预期价格下跌　　B. 持有者不愿意持有商品

C. 市场预期价格上涨　　D. 实物需求较小

3. 在塑料行业中，定价销售通常需要进行的结算是（　　）。

A. 按合同固定价格来结算　　B. 按月末生产企业出厂价结算

C. 按市场当日价格结算　　D. 以预付款方式结算

4. 贸易商如果认为价格可能上涨，他们的操作可能是（　　）。

A. 降低库存量　　B. 扩大采购规模

C. 停止采购　　D. 退出市场

5. 在中国线型低密度聚乙烯、聚丙烯和聚氯乙烯期货市场，被视为大资金参与的持仓能力是（　　）手。

A. 5000　　B. 10000

C. 15000　　D. 20000

二、多选题

1. 以下（　　）因素可以影响线型低密度聚乙烯和聚丙烯的价格。

A. 原油波动　　B. 甲醇价格

C. 国内外油价波动　　D. 大资金交易行为

2. 以下（　　）情况下，线型低密度聚乙烯或聚氯乙烯价格可能会上涨。

A. 注册仓单数量增多　　B. 实际提货情况频繁

C. 贸易商预期价格下跌　　D. 大量期货卖出套期保值交易

3. 对于贸易商来说，以下（　　）行为可能会强化价格趋势。

A. 增加库存　　B. 延缓进货

C. 积极出货　　D. 扩大采购规模

4. 贸易商通常要利用期货市场进行（　　）。

A. 投机交易　　B. 套利交易

C. 对冲操作　　D. 商业储备

5. 影响我国聚氯乙烯价格的贸易政策包括（　　）。

A. 进口关税的调节　　B. 出口退税的调节

C. 倾销与反倾销制裁　　D. 国际原油价格变动

三、判断题

1. 期货市场上的主力机构不会对期货价格产生较大的影响。（　　）

2. 线型低密度聚乙烯期货市场上持仓能力超过100000手很常见。（　　）

3. 聚氯乙烯现货价格和石化企业出厂价可能会受到期货价格变动的影响。（　　）

4. 美国是中国最直接的聚氯乙烯进口竞争者。（　　）

5. 贸易商普遍预期价格下跌时，会延缓进货或增加库存。（　　）

四、填空题

1. 线型低密度聚乙烯和聚丙烯的价格可能会受到________和________相关期货品种的波动影响。

2. 大连商品交易所的仓单对线型低密度聚乙烯、聚丙烯和聚氯乙烯期货价格的影响方式之一是通过________来影响价格预期。

3. 贸易商心态的变化会影响市场的________趋势。

4. 大资金在线型低密度聚乙烯期货市场上的交易行为，对________有明显的影响。

5. 我国聚氯乙烯进口货源主要来源于________、________、________。

参考答案

一、单选题

1. A　　2. C　　3. B　　4. B　　5. C

二、多选题

1. ABCD　　2. BD　　3. ABCD　　4. BC　　5. ABC

三、判断题

1. 错误　　2. 错误　　3. 正确　　4. 正确　　5. 错误

四、填空题

1. 原油；煤炭　　2. 注册；注销仓单　　3. 价格上涨或下跌
4. 期货价格　　5. 美国；中国台湾；日本

第四章

实体企业如何利用期货参与期货市场

本章要点

本章提供了详细的架构和示例，说明了上游生产企业、中间贸易商、下游企业如何通过使用线型低密度聚乙烯、聚丙烯和聚氯乙烯等商品期货市场进行风险管理，包括套期保值、预售、库存管理和期现套利等策略，同时描述了这些市场参与者在面对价格波动和宏观经济不确定性时，如何运用期货工具来锁定成本、管理库存、保护利润和规避风险。

一、什么是套期保值？常见的套期保值有几种？

套期保值（Hedging）是一种风险管理策略，用于降低或消除金融市场中的价格波动风险。通常，套期保值是通过相对应的投资组合调整和交易来实现的，这些交易的目的是对冲（抵消）由于市场价格变动所产生的某种潜在损失。套期保值常见于金融市场，如期货、期权和互换等衍生品市场。

例如，有一家聚丙烯生产商预计在未来几个月内会生产并出售一批拉丝原料，生产商担心聚烯烃价格在未来几个月内可能会下跌。为了消除这种价格波动风险，生产商可以使用套期保值策略，在期货市场上卖出相应数量的聚丙烯期货合约。通过这种方式，如果聚丙烯价格下跌，生产商在现货市场上的损失将被期货市场上的利润所抵消。相反，如果聚丙烯价格上涨，生产商在现货市场上的利润将被期货市场上的损失所抵消。这样一来，生产商就成功地锁定了现货市场的销售价格，降低了价格波动风险。

需要注意的是，套期保值并不能完全消除风险，它的目的是降低潜在损失和价格波动风险。一般而言，套期保值策略越完美地对冲，套期保值的成本也越高，当然效果也越好。同时，在实际操作中，设计和执行一个有效的套期保值策略需要专业知识和一定的市场预见性。

套期保值可以分为卖出套期保值和买入套期保值两大类。卖出套期保值是一种交易策略，其目的是避免现货价格在交割阶段出现下跌的风险，因此需要在期货市场出售与现货数量匹配的合约。买入套期保值也是一种策略，其中，交易者首先在期货市场购买期货，这样在未来的现货市场购买现货时，他们不会因为价格的上升而遭受经济损失。

二、套期保值方案的制订需要哪几个环节？

制订套期保值方案需要经过以下几个关键步骤。

一是识别风险源，就是要确定所面临的具体风险类型，如线型低密度聚乙烯、聚丙烯等产品的价格波动，以及这些风险可能对企业经营或投资组合产生的负面影响。

二是风险分析，就是对已识别的风险源进行定量和定性分析，以了解它们对企业经营或投资组合可能产生的影响程度。这包括对线型低密度聚乙烯、聚丙烯和聚氯乙烯相关现货市场基本面和宏观经济因素的研究，以了解它们与所面临风险之间的关系。

三是设置风险管理目标，就是基于对风险的分析结果，制定具体的风险管理目标，明确需要降低或消除哪些风险，以及理想情况下希望达到的风险水平。

四是选择合适的套期保值工具，根据所面临的风险类型和风险管理目标，选择合适的套期保值策略和金融工具，如选择聚丙烯期货、期权等。此外，还需考虑套期保值工具的成本、流动性和其他相关因素。

五是设计和执行套期保值策略，确定具体的套期保值操作，如确定买卖方向、数量、期限等，并在期货市场上执行。在此过程中，可能需要与期货公司合作，以完成交易和风险管理。

六是监控和调整，就是在套期保值策略执行过程中，需要定期监控其效果，评估风险管理目标是否能实现。若市场环境或所面临风险发生变化，则需要适时调整套期保值策略，确保风险持续得到有效管理。

七是评估和报告。在套期保值策略结束后，交易者应进行总结和评估，分析策略的实际效果和成本，为今后的风险管理提供经验教训。报告将帮助企业管理层及投资者了解风险管理状况。

需要注意的是，在实施套期保值方案的过程中可能会因企业、投资者及市场环境的不同而对方案进行调整。但以上流程提供了一个大致的套期保值策略制定框架，可以作为制订套期保值方案的参考。

三、生产企业在生产经营过程中可能会面临哪些风险？

企业在生产经营过程中会面临诸多风险，如价格波动给企业的原材料采购、产品销售带来的风险，以及企业签订进出口合同之后面临的价格波动风险。特别值得一提的是，当价格下跌时，企业库存价值也将面临缩水的巨大风险。

这种价格的不稳定性会给企业的生产经营带来极大的风险。随着全球经济一体化的推进及市场化程度的提高，大宗商品价格波动更为频繁。如果企业没有相应的风险管理工具，就可能面临原料或产品价格大幅波动的风险。期货市场的存在，为企业提供了规避此类风险的场所和工具。

以生产型企业为例，从每个生产环节要面临的风险来看，风险主要有以下几种。

一是原材料采购环节中的风险。众所周知，原材料采购成本是企业生产成本的主要组成部分。因此，当原材料价格上涨时，企业将面临成本增加的风险。

二是产品销售环节中的风险。鉴于企业的生产计划性很强，且每月的产量相对稳定，一旦市场价格步入跌势，则很难保证未来下线的产品能够盈利，特别是对于产品价格随行就市的行业。

三是企业的库存风险。除尚未完成销售的产品需存放在仓库之外，生产型企业还需维持一定数量的原材料库存。在这种情况之下，一旦市场价格持续回落，库存原材料和产品价值将面临大幅缩水的风险。

换句话说，生产型企业不得不面对原材料价格上涨、产品价格下跌和库存价值缩水等多重风险，特别是在价格剧烈波动的情况下。

四、如何利用期货工具规避产品价格下跌的风险？

生产企业最担心的问题之一是持有商品期间价格下跌，削减经营利润，甚至可能造成销售合同的违约，增加销售难度。此时需要根据实际情况，在期货市场选择方向相反、数量相等和日期一致的期货合约。

比如聚丙烯的价格通常会随着原油价格的变动而变动。2023 年全球经济复苏步伐缓慢，中东产油国通过限制产量来提升原油价格，国际原油价格暴涨，美国西得克萨斯轻质原油（WTI）从 70 美元/桶附近飙升至 90 美元/

桶上方。在成本支撑下，聚丙烯现货行情一路走高。假设一家聚丙烯生产商的仓库存有一定量聚丙烯粒料库存，为了加快流转效率，经撮合后和下游签订了一笔1个月后到期的销售合同，结算价格以10月的市场价格确定。企业担心聚丙烯价格下滑会给成品库存价值带来冲击。果然，在美国终端消费市场走弱后，上游累库及下游成品油价格下滑拖累原油大幅走弱，进而使聚丙烯价格持续走弱，原本买涨不买跌的市场突然观望起来。此时生产商已经察觉到利润可能被冲击，因此选择在期货市场进行卖出套期保值操作。9月7日，企业分批卖出聚丙烯2401合约20手，开仓均价为7800元/吨。之后的一个星期内期货价格出现了一定反弹，期货账户出现了净亏损，但都未触及企业设定的止损价位。不过，与此同时，企业出厂价从先前的7800元/吨上升至7900元/吨。综合期现两个市场，企业认为该套期保值可以继续执行。

10月初，由于美国宏观预期衰退迹象明显，下游消费遇冷，导致原油价格大幅跳水。这也基本上结束了2023年下半年油价上涨的趋势，使国内市场看空心态加剧，于是聚丙烯市场价格随即大幅下挫。到10月中旬，企业觉得期货的超跌可能会迎来一波反弹，再加上期货价格的下跌幅度远超过现货市场，其在期货市场上出现了超额收益，这部分收益应该及时锁定。因此，企业决定暂时结束此次套期保值操作。10月19日，企业以均价7400元/吨平仓了结。此时，现货市场价为7500元/吨。通过最终结算，现货价格下行到7500元/吨，企业现货交易的亏损为250元/吨，而期货端7800元/吨开仓，7400元/吨平仓，盈利400元/吨。综合对冲下，期货端贡献了400元/吨利润，共产生40000元的盈利。若此生产企业采用背靠背的方式进行销售，则最终有15000元的收益。具体操作见表4-1。

表4-1　　案例卖出套保操作的期限盈亏情况

时间及盈亏	现货	期货	基差（元/吨）
9月7日	市场价7750元/吨	7800元/吨卖出开仓	-50
10月19日	7500元/吨卖出	7400元/吨买入平仓	100
盈亏	亏损250元/吨	盈利400元/吨	—
期现合计盈亏	盈利150元/吨		

五、生产企业如何利用期货市场提前销售？

对于企业来说，合理地控制库存是非常重要的。在保证企业生产、经营需求的前提下，企业库存应该保持在一个合理水平。合理的库存水平有助于降低库存总费用、控制库存资金占用、加速资金周转等。而库存量过大则会导致生产经营过程中出现各种矛盾和问题，不利于提高企业管理效率。

2023 年下半年，因为聚丙烯行业投产装置预期增加，而且装置检修计划不多，所以某生产企业意识到未来几个月价格下跌的概率变大。例如，当前的聚丙烯现货价格是 7800 元/吨，而 3 个月后的现货价格可能下跌到 7500 元/吨。该企业预测，在未来 3 个月它们的库存大约还剩 50 吨聚丙烯。这 50 吨聚丙烯是公司还没有找到下游企业销售的量，并且该企业还在稳定生产。为了有效管理库存，保障经营利润水平，该企业决定在期货市场上提前销售其未来 3 个月的聚丙烯库存。该企业将 50 吨聚丙烯注册成仓单后，在期货盘面卖出了 10 手聚丙烯期货合约，每个合约代表 5 吨聚丙烯，合约价格恰好是 7700 元/吨。

无论现货市场的价格如何变化，聚丙烯生产企业都已在期货市场上锁定了销售价格，3 个月后，需要以 7700 元/吨的价格卖出手里 10 张聚丙烯仓单。结果，市场果真出现下跌，期货端交割月最后一天报价 7500 元/吨。而现货市场价格由 3 个月前的 7800 元/吨下跌到 7500 元/吨，理论上企业现货销售将亏损 300 元/吨，但是通过期货盘面进行预售，实际销售价格为 7700 元/吨，弥补了价格下行过程中对企业利润的打压。

此外，在期货合约到期之前，如果该企业不打算进行实物交割，则其可以在期货市场上买入相同的合约数量来平仓。

本案例是一个卖出套期保值案例。卖出套期保值的原始目的在于规避日后因价格下跌带来的亏损风险，但本案例的目的并不局限于规避价格下跌的风险，更重要的是解决企业仓储空间不足的问题，同时还解决了现货销售的问题，期货市场为企业提供了一个全新的销售渠道。

六、如何利用期货市场，解决现货供应短缺的矛盾？

期货市场不断发展，除价格发现等功能外，其延伸出来的其他功能也被越来越多的企业所重视。企业不再被动参与，而是主动、灵活地运用期货市场的功能完善经营。比如，期货实物交割就为企业采购开辟了新途径。当现货市场供应紧张时，需求方可以在期货市场上买入套期保值，一方面实现了套期保值的目的，另一方面可以利用交割手段弥补采购不足的状况。在持有期货头寸期间，如果期货价格与现货价格的贴水减少或升水加大，那么企业可以选择采购现货，并对冲平仓期货头寸。这样可以使企业获得额外的收益；反之，企业应该维持到期交割的策略。

七、期货市场线型低密度聚乙烯、聚丙烯和聚氯乙烯期货套期保值如何了结？

线型低密度聚乙烯、聚丙烯和聚氯乙烯生产企业可能会选择在期货市场进行套期保值以降低价格波动风险。这样的操作可以在合适的时机锁定产品的购入或销售价格。但不论生产企业是买入期货合约以防止产品价格上涨，还是卖出期货合约以防止产品价格下跌，最后的步骤都是平仓了结套期保值。

首先是监测市场，要观察是否到了行情转折点，在套期保值期间，生产企业需要密切关注商品和期货市场的动态，一旦行情发生反转，则需要考虑是否对期货头寸进行平仓操作。

其次，平仓也要选择时机，在期货交割日临近或者当公司认为现货价格已经达到可接受的水平时，就可以决定平仓结束套期保值操作。对于之前卖出的期货合约，要在期货市场上买入相同的合约数量进行平仓；对于之前买入的期货合约，也需要卖出相同的合约数量来进行平仓。具体操作可以通过代理商进行，用户只需要在平台上下达订单就可以执行平仓操作。在期货交易结束后，需要对套期保值活动进行财务处理和记录，形成财务报表。

值得注意的是，套期保值的了结平仓不一定需要等到到期日，普遍应用的是在对冲交易时机成熟，或者当价格走势符合预期时，即可进行平仓。实践中，由于期货市场的流动性较好，多数套期保值者选择现金结算，即通过执行与原交易方向相反的期货交易来结束对冲，进行平仓操作。

八、线型低密度聚乙烯、聚丙烯和聚氯乙烯套期保值效果如何评估？

套期保值的目的是规避价格风险，因此评价套保效果好坏，要从资产价值的角度进行评估，考察当收益率发生改变时，期现总资产的变动情况。下面介绍一些主要的评估方法。

（一）对冲比率

对冲比率是衡量对冲效果的简单方法，它的计算方法为期货价格变动与现货价格变动的比率。这个比率越接近1，表明套期保值效果越好。例如，如果价格变动是完全同步的，对冲比率就会是1。对冲比率可以反映出期货市场与现货市场的价格同步程度。

（二）对冲效应

通过套期保值，企业的现金流会受益于现货价格下跌（针对固定采购成本情况下的生产商降低售价风险的套保）或者受益于现货价格上涨（针对固定采购成本情况下的购入商降低成本风险的套保）。对冲效用的计算方法为企业通过套期保值节省的现金流总量。对冲效用越高，表明套期保值效果越好。

（三）对冲成功率

这是一个比较直观的评价指标，每一次套期保值操作后，都可以根据最后的现货价格是否在期货价格的预期范围内来判断对冲是否成功，而对冲成功的次数占总次数的比例就是对冲成功率。研究期货价格与现货价格变动的相关性也是评估套期保值效果的方法，相关性越高，表示套期保值效果越好。

以上这些方法可以对线型低密度聚乙烯、聚丙烯和聚氯乙烯的套期保值效果进行评估。但在实际中，进行综合评估往往有一套复杂的指标和流程，这里我们只需简单了解即可，如果需要进行相关的操作，一般企业都需要通过期现业务团队来制定考量办法，或者通过与期货公司合作进行评价体系和制度建设。

九、企业可以采取什么样的方法，防止把套保做成投机呢？

套期保值业务的投机化是指，在企业进行套期保值操作时，由于策略上的错误、追求盈利的套保等多种因素，导致被套期的项目与套期工具之间无法建立起有效的对冲或抵消的经济联系。这类套期保值业务的投机行为主要集中在三个关键领域。

一是企业进行套期保值操作时，由于没有遵循相反的操作原则，从而导致策略性的失误。这使套期工具和被套期项目的风险敞口方向完全一致。当被套期项目因价格、利率、汇率和信用风险的变化而产生损失时，套期工具不仅无法抵消被套期项目的损失，反而会因为风险敞口方向相同而增加损失，从而产生较大的套期无效部分。

二是企业进行套期保值操作时，往往没有深入理解套期保值业务的真正含义，而是要求套期工具必须是盈利的，不能出现亏损，或者仅仅追求盈利。这种做法导致业务部门在操作中偏离了企业的套期保值目标，开始进行套期工具的买卖，从而形成了实际的投机行为，最终可能导致大量的套期无效操作。

三是企业进行套期保值操作时，套期比率出现了不平衡。具体来说就是企业实际被套期的项目数量与套期工具的实际数量之间的比例失衡，这也是导致重大套期无效、给企业带来风险的主要因素。

在公司进行套期保值操作时，为避免套保操作的投机行为给公司引入新的风险，我们应当强化套期保值操作的有效性管理。

一是在企业的生产和经营活动中，存在大量的资产和负债项目，以及一些没有在财务报表上明确记录的项目。这些项目可能会面临价格、利率和汇率的波动风险，同时也可能受到信用风险的影响，例如采购或销售合同、采购或销售计划等。在这些项目被正式确定为套期保值项目之前，有必要对它们所面临的各种风险进行深入的分析和评价，这样才能明确这些项目所面对的风险种类，并判断使用套期保值策略来管理这些风险是否与企业的风险管理策略相契合。

二是企业在确定被套期项目的头寸规模时，还需要综合考虑企业的规模、风险应对能力、预定套期保值项目的价格位置以及其变动趋势等多个因素。这个头寸规模是企业进行套期保值和预防投机活动的初始步骤。接下来，企业需要仔细分析这些套期保值工具与被套期保值项目之间是否存在经济关系的价值反向变化，然后根据它们各自的优点和缺点、市场结构等多方面的因素作出选择，以确定最适合的套期保值工具。强化套期保值工具的管理不仅有助于解决套期保值策略中可能出现的错误，还能从套期保值阶段开始提升套期保值操作的有效性。

三是要加强对套期保值比率的管理，并进行套期保值效果的评估和分析。对于企业来说，持续评估和分析套期保值关系的有效性至关重要，特别是要深入探讨套期保值无效的成因，以及这些影响因素在未来是否会持续存在，以及是否会有新的因素导致套期保值无效。基于这些评估和分析的结果，企业应采取套期保值关系再平衡和套期保值关系终止等措施，以持续优化套期保值比率的适当性，并预防因套期保值比率失衡而引发的投机行为。

十、贸易企业在经营过程中将会面临哪些风险？

贸易商在线型低密度聚乙烯、聚丙烯和聚氯乙烯产业链中起着承上启下的关键作用，承担着组织流通、调节社会库存的重任。根据有关方面提供的数据，我国塑化贸易商总数超过万家，包括中石化、中石油、中海油、国家能源集团等大生产企业的代理商和非代理商两类。代理商的存在对活跃我国塑化市场、促进流通起到了积极作用。

一般来说，贸易商对相关价格的波动较为敏感，因为只有价格上涨时，贸易商才能够通过低买和高卖获得盈利。当价格长时期维持不变时，贸易商几乎难以盈利。当价格持续回落时，贸易商反而面临亏损的风险。

目前，我国的塑料贸易商分为石化代理商和非石化代理商两大类。前者可根据与石化签订的年度计划按月提货，并享受代理价；后者则只能通过直接进口，或在国内现货市场上，从其他贸易商手中进货。一般来说，只有规模较大的贸易商才能成为石化代理商，或者大型终端客户才能成为石化的直接客户。而其他大多数贸易商都无法获得代理商资格，因而只能通过现货市场进行采购。因此，普通贸易商能否盈利，完全取决于能否对价格走势作出相对正确的判断。

一般来说，线型低密度聚乙烯、聚丙烯和聚氯乙烯价格上涨时才是贸易商盈利的大好时机。因为无论贸易商以何种价格进货，卖出时都可以盈利，所以价格上涨时是贸易商盈利的最佳时机。当价格持续下跌时，情况则完全相反，因为明天的市场价格必定低于今天的市场价格，而企业的库存商品价值也面临不断缩水的风险。通常情况下，企业的风险敞口等于当期采购量减去当期销售量再加上期末库存水平。对于进口企业来说，还包括已经支付了货款但仍未到港的进口货物。因此，价格持续下跌是贸易商所面临的最大风险。

对于石化代理商来说，每当熊市来临之时，因为必须按计划提货，所以即使具有批发价的优惠待遇，也没有了盈利空间。如果货物不能及时出手，则企业将面临亏损的风险。在这种情况下，只有对冲工具才是贸易商规避风险的有效手段。它不仅可以帮助企业降低风险，有时还可以完全规避损失。

在牛市环境下，贸易商通常很难获得足够的低价货源。然而，在价格持续上涨的情况下，贸易商完全可以将期货市场作为一种补充进货渠道。在买入期货之后，企业既可以等待到期交割，也可以在适当的时候对冲平仓。通过期货市场的盈利，弥补现货市场价格上涨的损失，从而达到控制采购成本的效果。

此外，对于趋势不明显的行情走势，贸易商往往难以判断。在这种情况下，贸易商通常都会减少交易。然而，对于震荡行情来说，利用期货工具更有助于现货交易。这是因为，只要期货市场价格高于“货物成本 + 预期利润”，贸易企业就可以通过期货市场卖出期货合约，相当于实现了现货销售。如果在期货市场上卖出之后价格开始回落，则企业不必等待到期交割，完全可以在期货价格贴水时对冲平仓，盈利离场。

十一、贸易商如何利用期货市场提前建立库存？

贸易商可以通过在期货市场上购买期货合约的方式提前建立库存，这种方式被称为期货市场上的长期定价操作。2023 年上半年，国内聚乙烯市场在内外部宏观利空的冲击下，供强需弱现象明显，线型低密度聚乙烯现货市场和期货价格下跌幅度不断加深。6 月份宏观政策调控出台后，市场预期好转，下游逐渐开始补库。

某中小型贸易企业决定在 7 月之前趁价格较低时购买一批现货，充实库存。6 月 27 日，现货市场价格为 8050 元/吨，而期货主力合约价格仅为 7950 元/吨，较现货贴水 100 元/吨。企业迅速作出决策，买入 L2309 期货合约 10 手（相当于 50 吨现货），锁定此批原材料采购的成本。

6 月 28 日开始，L2309 合约持续拉升。8 月 23 日，L2309 合约较现货价格升水扩大。企业随即以 8250 元/吨的价格买入现货 50 吨，并以 8400 元/吨的价格对冲平仓所持有的期货合约。对冲平仓时期货价格较现货升水 150 元/吨，因而企业的平仓操作还获得了 250 元/吨的额外收益。事实上，由于企业建仓和平仓的时机选择得当，此次操作除对冲了 200 元/吨的现货损失之外，期货升贴水的变化（建仓贴水 100 元/吨和平仓升水 150 元/吨）还给企业带来了 250 元/吨的额外盈利。具体操作见表 4 – 2。

表 4 – 2　　案例利用期货建立虚拟库存操作的期现盈亏情况

时间及盈亏	现货	期货	基差（元/吨）
6 月 27 日	市场价 8050 元/吨	7950 元/吨买入开仓	100
8 月 23 日	8250 元/吨买入	8400 元/吨卖出平仓	– 150
盈亏	亏损 200 元/吨	盈利 450 元/吨	—
期现合计盈亏	盈利 250 元/吨		

因为期货与现货价格之间存在着升贴水，所以在结束买入套期保值交易时，还存在获得额外收益的可能性。上述案例是一个较为成功的交易案例，企业不仅借助期货工具锁定了现货采购成本，还充分利用了升贴水的变化，获得了部分额外收益。

十二、贸易商如何利用期货市场降低库存风险？

2023 年 1 月初，某贸易企业预计线型低密度聚乙烯价格有可能下跌，但手里还有库存没来得及销售，因此决定在期货市场上进行卖出套期保值，以锁定库存商品价值可能缩水的风险。2023 年 1 月 20 日，企业大约还有 500 吨线型低密度聚乙烯还没有销售，因此，企业以 8400 元/吨的价格卖出 L2305 合约 100 手（相当于 500 吨），当日现货市场均价为 8500 元/吨。

到 5 月 10 日，现货市场均价跌至 8200 元/吨，跌幅为 300 元/吨。而期货市场价格下滑至 7800 元/吨，与建仓时相比跌幅高达 600 元/吨。于是企业迅速将所持 L2305 合约全部平仓，成交价为 7800 元/吨。

从盈亏情况看，该贸易商库存缩水 300 元/吨，期货盈利 600 元/吨，额外盈利了 300 元/吨。

此次操作中，企业较好地把握了卖出套期保值交易的进/出场时机，建仓时 L2305 合约价格低于现货价格 100 元/吨，而离场时 L2305 合约价格却低于现货价格 400 元/吨。L2305 合约价格的跌幅大大超过了现货价格的跌幅。这不仅规避了现货市场价格下跌 300 元/吨的风险，而且期货合约的超跌还给企业带来了 300 元/吨的额外收益。因此可以得出结论，贸易企业参与卖出套期保值成功的前提条件是市场处于下跌趋势，而非上行趋势。具体操作见表 4－3。

表 4－3　　案例卖出套保降低库存风险操作的期现盈利情况

时间及盈亏	现货	期货	基差（元/吨）
1 月 20 日	市场价 8500 元/吨	8400 元/吨卖出开仓	100
5 月 10 日	8200 元/吨卖出	7800 元/吨买入平仓	400
盈亏	亏损 300 元/吨	盈利 600 元/吨	—
期现合计盈亏	盈利 300		

十三、如何利用期货与现货价格之间的相对变化管理库存?

在企业的生产经营活动中，塑料贸易企业既要注重维系客户关系，维持一定的市场份额，还要保证采购渠道的畅通，并维持相对合理的库存水平。一般来说，如果企业没有足够的库存储备，一旦市场价格开始上涨，企业将痛失盈利的大好时机。然而，如果库存水平过高，且市场一旦转空，塑料贸易企业又将面临巨大的风险。因此，库存管理对于贸易企业来说极为重要。通常，我们可以借助线型低密度聚乙烯、聚丙烯和聚氯乙烯期货对塑料贸易企业的库存进行较为有效的管理。

2023 年 1 月中旬，由于全球经济前景黯淡，以及国际原油价格高位回落，某塑料贸易企业开始担忧聚氯乙烯价格可能步入下跌趋势。鉴于当时库存接近1000吨，企业决定参与卖出套期保值，对冲库存价值缩水的风险。2023年1月20日，企业观察到V2305合约较现货升水300元/吨，随即决定对库存储备的50%进行对冲操作，卖出了V2305合约100手（500吨），成交价为6800元/吨，当时的现货价仅为6500元/吨。

2月7日，V2305合约一度跌破6100元/吨，与企业建仓时的价格相比跌幅高达600元/吨，且V2305合约与现货价格持平。此外，随着价格的大幅回落，市场看空气氛逐渐减弱，因此，企业决定平仓V2305合约，结束套期保值交易。期货平仓成交价为6200元/吨，与现货价相同。现货库存价值缩水300元/吨，而期货头寸盈利600元/吨，盈亏对冲实现了平衡。

这一阶段的交易结果显示：尽管企业仅对50%的库存进行了保值，但由于期货合约的跌幅超过现货的跌幅，因此100手（500吨）期货合约的盈利不仅完全补偿了1000吨库存商品的缩水部分，还获得了部分额外收益。这种结果告诉我们这样一个结论：对冲效果与基差的变化有关。案例中企业操作过程产生的期现盈利情况见表4-4。

表4-4　案例中企业操作过程产生的期现盈利情况

时间及盈亏	现货	期货	基差（元/吨）
1月20日	市场价6500元/吨（1000吨）	6800元/吨卖出开仓（500吨）	-300
2月7日	市场价6200元/吨（1000吨）	6200元/吨卖出平仓（500吨）	0
盈亏	亏损300元/吨（1000吨）	盈利600元/吨（500吨）	—
期现合计盈亏	1000吨现货的亏损与500吨期货的盈利恰好冲抵		

十四、进口贸易商如何利用期货市场提前锁定利润？

2023年2月28日，某贸易企业与韩国某企业签订了一份进口1000吨线型低密度聚乙烯的合同。按合同签订之日的汇率计算，相当于到港价8000元/吨，而同期国内现货市场的线型低密度聚乙烯价格为8100元/吨。正常情况下，该批货物将于10天以后到达国内港口。

尽管国内现货市场价格已经出现了企稳的迹象，但产能过剩的压力并没有消失，预示着国内市场依然存在价格下跌的风险，特别是在进口货物到达国内港口之前。考虑到如果以目前的现货市场价格出售，可以获得满意的利润，因此企业决定利用期货工具锁定价格。

2月28日，也就是进口合同生效的当日，企业卖出了L2305合约200手（1000吨），成交价8200元/吨，将价格锁定。到3月1日，L2305合约破位下行，新一轮跌势成形。3月7日，货物如期到港。3月17日，线型低密度聚乙烯价格继续下跌，且期货价格较现货贴水，一度超过了100元/吨。鉴于期货价格贴水，企业将该批进口货物以8000元/吨的价格全部卖出，并将持有的L2305合约200手全部平仓，成交价为7900元/吨。此轮交易中，期现对冲完结后贸易商可以从期货市场获利300元/吨，因为现货销售价格与进货价格一致，且期货价格下行的损失补充了盈利，因此企业在套期保值业务中获利30万元。

鉴于进口货物运抵国内需要一定的时间，从欧洲和北美运抵国内港口通常需40~50天，从韩国或者日本运抵国内至少也要10天。因此，在货物运抵国内港口之前，企业难以排除价格可能下跌的风险。

为了规避货物到达国内港口之前所面临的风险，企业可以借助期货工具进行对冲，锁定价格。如果没有相应的对冲工具，那么市场价格一旦下跌，企业将面临亏损的局面。

十五、期现套利成本如何计算？

期现套利就是基于现货和期货价差来进行投资的一种方式。期现套利通常需要通过购买一种产品的现货，并卖空该产品的期货合约或进行相反的操作，来实现无风险的收益。下面我们详细解释一下期现套利成本的各个部分以及套利成本是如何进行计算的。

现货的购买成本：贸易商需要先了解在现货市场购买目标商品的成本，也就是现货价格。具体的购买成本取决于交易规模（数量）。

现货购买成本 = 现货价格 × 购买数量

融资成本：如果贸易商需要借款来购买现货，那么需要计算融资成本。假设贷款利率是“每年百分比”，持有期限是“天数”，融资成本可以这样计算：

融资成本 = 贷款金额 × 贷款利率 × 持有期限（天）/365

交易成本：购买和卖出期货合约时要支付一定的手续费。手续费可能是固定的，也可能是基于交易金额的一定比例。假设手续费率是每笔交易金额的百分比，则交易成本为：

交易成本 = 交易金额 × 手续费率

存储成本：贸易商需要将现货存储在仓库中，直到期货合约到期。假设每天的存储费用是固定的，那么持有期间的总存储成本可以这样计算：

仓储成本 = 每天存储费用 × 持有期限（天）

运输成本：从现货市场购买商品并运输到仓库会产生一定的运输成本。具体的运费可能依据距离、重量和运输方式等因素有所不同。需要询问物流公司或仓库提供商关于具体的运费。

运输成本 = 商品数量 × 单位运费

将以上所有成本相加，即可得到期现套利的总成本，之后再计算期货合约到期时的现货价格和期货交割价格之间的差价（预期收益），然后与总成本进行对比，就可以判断该期现套利是否具有盈利空间。如果预期收益大于总成本，那么就有利可图。

十六、贸易商如何进行期现套利？

（一）传统贸易模式的特点及其缺陷

近年来，随着线型低密度聚乙烯、聚丙烯和聚氯乙烯期货的相继上市，期货价格对于现货价格的指引作用越来越被市场所接受，但市场上大部分企业，特别是中小型企业还是以传统贸易为主要盈利手段。在石化行业，传统型贸易手段主要分为四大类：第一类是一手外商资源代理模式，其特点就是从一级开始逐级代理。近年来，海外市场走弱，所以多级代理商模式举步维艰，终端对于高价的抵触情绪较明显。第二类是中石油和中石化的煤化工代理。近几年来，煤化工在塑料行业的占比越来越大，煤油之间的价差也呈现明显波动，通过不同工艺之间的价差进行贸易投机也是行业主流做法。第三类是中小型的贸易商，因为货源渠道相对有限，但是可能会依靠上面的一级和二级的代理，去做一些现货的交易。第四类是各类电商平台，主要提供上下游撮合。但是，近些年随行业周期性波动下行，增长规模有限。

近年来，套利商队伍逐渐壮大，这些机构主要是盘面追涨杀跌，尤其是几波行情一路上涨的时候，只要出现基差打到负的，现货端就会进行抄底。因此传统贸易商在这里就比较吃亏，由于模式的差异，其对于头寸的保护措施缺乏，因此经常在期现交易中处于不利地位。

（二）标准套利公司的操作

从这几年的市场演变可以发现，石化市场的期现套利机构主要分为三类：一是投资公司群体；二是期货公司的风险管理子公司；三是传统贸易公司的期现部门。这三类企业群体都是比较有实力的大型公司或者投资公司，信誉也比较好，资金也比较多，所以市场比较青睐这几类公司。

常见的期现套利手段有三种，即正向套利、反向套利和点价交易。前几年正向套利受市场追捧较多，其主要模式就是买现货空期货盘面，特别是在基差走强的过程中，期货端下跌幅度比现货要大。反向套利也很好理解，即卖现货盘面买期货，在基差比较低且后续有走强预期的时候进行操作，可以获得可观的交易利润。最后是点价交易套利，若聚烯烃盘面跌到很低的时候，交易者的成本价格就是盘面加几十元。合约结束以后，交易者可以用标准仓单交货，在现实中，期现商采用这样的操作都是很正常的。

十七、下游加工企业在生产经营过程中面临哪些风险？

对于线型低密度聚乙烯、聚丙烯和聚氯乙烯的下游企业，特别是加工企业来讲，原料价格风险是最直接的风险敞口。线型低密度聚乙烯、聚丙烯和聚氯乙烯的价格可能在供需变化、原油价格、供应链问题、政策调整等多种因素的影响下波动，而这些波动可能导致企业的生产成本发生不可预测的变化。如果企业未能适时对其产品价格进行调整，那么这将对企业的盈利产生负面影响。一方面体现在采购环节中原材料价格上涨对于企业成本增加的压力；另一方面体现在原材料价格下行过程中下游企业的原料库存保值风险。

十八、下游加工企业如何利用期货工具规避原材料价格上涨的风险？

2023 年某塑料下游加工企业决定在 6 月之前趁价格较低时购买一批现货，充实库存。5 月 26 日，现货市场价格为 7600 元/吨，而期货主力合约价格（L2309）仅为 7500 元/吨，较现货贴水 100 元/吨。企业迅速作出决策，买入 L2309 期货合约 400 手（相当于 2000 吨现货），锁定此批原材料采购的成本。

6 月 1 日，L2309 合约触底反弹，随后快速拉升。8 月 23 日，L2309 合约较现货价格升水扩大。企业随即以 8000 元/吨的价格买入现货 2000 吨，并以 8400 元/吨的价格对冲平仓所持有的期货合约。对冲平仓时期货价格较现货升水 400 元/吨，因而企业的平仓操作还获得了 400 元/吨的额外收益。事实上，由于企业建仓和平仓的时机选择得当，此次操作除对冲了 400 元/

吨的现货损失之外，期货升贴水的变化（建仓贴水 100 元/吨和平仓升水 400 元/吨）还给企业带来了 500 元/吨的额外盈利。企业买入套保产生的期现盈利变化情况见表 4－5。

表 4－5　　案例企业买入套保产生的期现盈利变化情况

时间及盈亏	现货	期货	基差（元/吨）
5 月 26 日	市场价 7600 元/吨	7500 元/吨买入开仓	100
8 月 23 日	8000 元/吨买入	8400 元/吨卖出平仓	－400
盈亏	亏损 400 元/吨	盈利 900 元/吨	—
期现合计盈亏	盈利 500 元/吨		

自测题

一、单选题

1. 企业在生产经营过程中可能面临的风险主要包括（　　）。

A. 人力资源风险　　B. 价格波动风险

C. 团队协作风险　　D. 技术创新风险

2. 在制定套期保值策略时，首先应该进行（　　）。

A. 选择套期保值工具　　B. 与期货公司合作

C. 风险分析　　D. 监控和调整

3. 贸易商使用期货合约锁定价格，目的是（　　）。

A. 降低交易成本　　B. 增加市场份额

C. 规避价格下跌风险　　D. 提高品牌知名度

4. 下列（　　）是套期保值业务的投机化表现。

A. 遵循相反的操作原则

B. 套期保值工具和被套期保值项目经济联系不对冲

C. 严格执行企业的套期保值目标

D. 保持套期保值比率平衡

5. 贸易企业在经营过程中面临的风险通常不包括（　　）。

A. 政策风险　　B. 产品质量风险

C. 环境变化风险　　D. 交易对手信用风险

二、多选题

1. 期现套利成本计算需要考虑（　　）。

A. 现货购买成本　　B. 融资成本

C. 交易成本　　D. 运输成本

2. 下列（　　）措施可以帮助企业防止把套保做成投机。

A. 强化套期保值操作的有效性管理

B. 增大套期保值比率

C. 以提高盈利为套保目标

D. 分析套期保值无效的成因

3. 为了规避进口货物在到达国内港口之前的价格下跌风险，企业可以采取的措施有（　　）。

A. 强化市场调研　　B. 提高货物质量

C. 借助期货工具进行对冲　　D. 借助衍生品

4. 以下（　　）是期货市场参与者利用期货进行风险管理的策略。

A. 套期保值　　B. 预售

C. 库存管理　　D. 期现套利

5. 市场上常见的期现套利手段包括（　　）。

A. 正向套利　　B. 反向套利

C. 价差交易　　D. 点价交易

三、判断题

1. 价格波动是生产企业面临的唯一风险。（　　）

2. 设计和执行套期保值策略后不需要进行监控和调整。（　　）

3. 企业在进行套期保值操作时追求盈利的套保不会导致投机化。（　　）

4. 贸易商在进行期现套利时不需要关注融资成本。（　　）

5. 点价交易是一种常见的期现套利手段。 ( )

四、填空题

1. 套期保值策略设计和执行的第一步是进行________。
2. 代理商的存在对于________市场的活跃和流通起到积极作用。
3. 看涨期货合约的操作被称为________套利。
4. 若要规避价格下跌带来的风险，企业可以通过卖出期货合约______价格。
5. 期现套利的总成本包括现货购买成本、________成本、交易成本、存储成本和运输成本。

参考答案

一、单选题

1. B　2. C　3. C　4. B　5. B

二、多选题

1. ABCD　2. AD　3. CD　4. ABCD　5. ABD

三、判断题

1. 错误　2. 错误　3. 错误　4. 错误　5. 正确

四、填空题

1. 风险分析　2. 塑化　3. 正向　4. 锁定　5. 融资

第五章

线型低密度聚乙烯、聚丙烯和聚氯乙烯相关套利交易

本章要点

本章讨论了套利交易在金融市场中的作用及其对价格定价的重要作用，详细介绍了线型低密度聚乙烯、聚丙烯和聚氯乙烯市场上不同种类的套利方式，包括跨期套利、反向套利、跨品种套利以及期现套利，并强调了套利中风险管理的重要性。同时，本章还分析了计算套利成本的相关要素，解释了套利交易的策略和注意事项，并提供了操作案例。

一、金融市场当中，套利是无处不在的吗？

套利行为在管制时代被称作“投机倒把”，但现在我们往往把套利者看作精明的投资者。“套利”在金融学中是一个很重要的概念，套利者是驱动

资产价格定价更趋合理所必要的一种参与主体。在经济学领域，套利者更是被大加赞赏，因为客观上，正是他们的存在，才给了辛苦的供给者与不易的需求者一个更为合理的价格。

在金融市场里的套利行为是套利被发挥到极致的行为，但套利并非金融市场的专利。生活当中或许我们在无意识的情况下就做了把套利交易。比如，由于一些进口商品进入境内要征收各种税费而使其价格更加昂贵，但是相同的商品在国外则相对实惠，于是国内游客就涌向海外采购，这其实就是套利行为。再比如，以宁德时代的股票为例，如果你在 A 股市场和 H 股市场都可以交易，那么你可能会发现宁德时代的 A 股（300750）与其 H 股（6800. HK）之间存在价格差异。比如，你发现 A 股市场中宁德时代的价格低于港股市场的价格，那么你可以在 A 股市场购买宁德时代的股票，然后在港股市场卖出相同数量的宁德时代 H 股，从而获得套利利润。原理就是，只要存在价格差异（不论空间还是时间），理论上都会存在套利空间。这需要细心观察和认真思考。

期货市场的套利也类似，当相关商品之间、不同合约之间、期货与现货之间、国内市场与国际市场之间的价格出现不正常的价差时（价差大于交易成本），投资者就可以通过低买高卖获利。

二、如何利用合约之间的不合理差价盈利?

在商品期货市场中，合约价格之间的关系变化往往会为投资者提供一些操作依据。我们把针对不同月份合约之间不合理价差的交易称为“跨期套利”。按所买卖的合约月份以及买卖方向的不同，跨期套利可以分为正向套利、反向套利和蝶式套利。无论采取哪种操作模式，其本质都是针对不同月份合约同时进行买低卖高，即买入价值被低估月份的合约而卖出价值被高估月份的合约。正向套利的原理是：当前远月合约和近月合约的价差大于持仓成本时，就可进行套利。到期交割时，超过持仓成本的差价部分即是套利交易的收益。套利交易具有以下优越性：风险小、固定收益率高、兑现性好。

我们首先重点介绍如何捕捉正向套利机会。一般来说，近月合约价格高于远月合约，代表现货供应相对紧张或供应趋于紧张。因为在供应紧张的情况下，投资者往往更加愿意持有现货，其结果会进一步推高现货和近月合约价格，形成近高远低的排列态势。在这种情况下，持有多头头寸除了可以获得价格上涨的收益之外，在合约到期前移仓（平仓近月合约，买入远月合约）还能获得一定的移仓收益。因为在牛市环境下，随着时间的推移，期货价格有向现货价格靠拢的倾向。尽管在牛市环境下，近月合约与远月合约的价差将会拉大，但价差不会一直朝一个方向运行，达到一定程度后必然会有峰回路转之时。套利就是要把握好价差的转折。

从 2023 年 2 月份开始，L2309 合约与 L2401 合约的价差开始扩大，从 -6 点直接扩大到了 148 点左右。尽管当时 L2309 基差已经收窄，但市场对此的普遍判断仍然是调整，且由于预期未来将迎来农膜的需求旺季，市场普遍认为后市上涨的可能性较大。但是，后续行情 L2401 合约因为检修预期较强，且为强基差结构，因此后来合约间呈现出近弱远强的格局，L2309 上涨速度比 L2401 慢，L2401 的价格相对更强。

三、什么是期货合约之间的反向跨期套利？

反向套利，指的是在买入远月合约的同时卖出近月合约的一种交易方式。其中，买卖的合约月份不同，但数量相等。一般来说，当现货市场供应充足，且未来供应可能减少时，投资者可以进行反向套利。反向套利的结果是：在正向市场（近月合约价格低于远月合约）上，远月合约与近月合约之间的价差就会扩大；在反向市场（近月合约价格高于远月合约）上，近月合约与远月合约之间的价差就会缩小。反向套利具有一定的风险，因为当现货市场价格的涨幅超过远期价格的涨幅，或现货市场价格的跌幅小于远期合约价格的跌幅时，投资者就无法转嫁风险（即没有现货可供交割）。

2023 年 6 月，国际原油价格因为 OPEC 限产措施出现上涨，强成本支撑下国内塑料市场快速走强，不管是 L2309 还是 L2401，价格同时走强。且四季度预期线型低密度聚乙烯装置可能出现检修增加的态势，因此市场上利多共振，形成价格上行趋势。总体来看，在需求起色不大的情况下，供应缩减导致第四季度平衡表去库预期增强。其结果是，在静态基本面存在差异的情况下，L2309 合约与 L2401 合约之间的价差从 148 元/吨高位迅速缩小，并在 -115 元/吨至 -15 元/吨之间波动，大大低于两合约之间的合理价差（持仓成本）。因此，远月和近月合约之间的价差呈现扩大迹象。

与正向跨期套利不同，反向跨期套利无法向现货渠道转嫁风险，也很难通过移仓等策略寻找后路，所以反向套利具有一定的风险。而且，由于行情随时会发生变化，交易者对反向套利机会的判断容易产生失误。

通常，反向套利在同一个生产消费周期内，某种商品近月与远月合约的正常价差应该是持有近月合约到远月合约期间的所有费用，即“近月合约价格 + 期间持仓费用 = 远月合约价格”。所以，反向套利交易者认为当远月合约价格小于近月合约价格加上持仓费用时，则可能就是远月合约价格被低估，而近月合约价格被高估的时候。但事实上，这种想法并不总是正确的。我们知道，不论是期货市场还是现货市场，都有牛市和熊市之分。在牛市里，市场价格是持续上涨的，而在熊市里，市场价格是持续下跌的。远月合约价格可能由于牛市的延续而获得额外的升水。由于有额外的利润存在，现货企业才愿意囤货，并待价而沽。而在熊市里，商品价格是逐期下跌的，商品远月合约价格相对近月合约贴水。因此，在不同的市场环境中，远月合约价格高于或低于近月商品价格加上持仓费用都可能是正常的。

四、如何在线型低密度聚乙烯、聚丙烯和聚氯乙烯之间进行套利？

跨品种套利，指的是通过买卖两种不同但相互关联的商品进行套利的一种交易方式，即在买入（卖出）某一商品的某一月份的期货合约的同时，卖出（买入）另一种与之关联商品的相同月份的期货合约。一般来说，线型低密度聚乙烯、聚丙烯和聚氯乙烯三者之间的跨品种套利都要考虑三者之间原料上的部分趋同，以及存在某种替代性或受同一供求因素制约的商品。三者之间的跨品种套利主要利用相互之间的基本面强弱引发的价差扩大机会。

下面看一下线型低密度聚乙烯与聚丙烯之间的价差套利。根据 2023 年的生产计划，聚丙烯的新生产能力所面临的生产压力明显超过了聚乙烯（PE）的生产压力。聚乙烯的几种产品的进口窗口已经完全关闭，预测在 L2305 合约中聚乙烯的进口供应压力将不会太大。因此，从 L2305 合约的供应状况分析，聚丙烯面临的供应压力明显高于聚乙烯，这也意味着聚乙烯和聚丙烯之间的价格差异预计会进一步扩大。对国内聚乙烯和聚丙烯的供应状况进行深入分析，可以发现聚乙烯的国内供应目前还不能完全满足国内市场的需求。为了填补国内的供应缺口，国内市场仍然需要进口。然而，聚丙烯已经逐步进入供应过剩的状态。市场基于聚丙烯的供应压力可能会持续高于聚乙烯的供应压力，从而提供线型低密度聚乙烯和聚丙烯之间价差走阔的套利机会。拿 L2401 和聚丙烯 2401 价差套利来说，2023 年 2 月初，价差从 -193 元/吨一直涨到 7 月中旬的 839 元/吨，价差超过 1000 元/吨。

五、如何在线型低密度聚乙烯、聚丙烯或聚氯乙烯与其他化工品之间进行套利？

近年来，随着原油期货、液化石油气期货交易的逐渐成熟，原料与成品间的套利参与规模越来越大，且原油和液化石油气与聚丙烯之间存在上下游的关系，因此可以以利润为逻辑来思考跨品种的套利策略。下面我们根据 PDH 装置的利润变化，来讲解聚丙烯期货与液化石油气期货之间的套利关系。

大约在 2013 年，我国推出了首套丙烷脱氢设备。在高利润的推动下，国内经历了一轮生产的高潮。到目前为止，丙烷脱氢（PDH）路线在聚丙烯的生产工艺中所占的比例约为 20%，这也成为聚丙烯供应端的弹性变动的关键变量。由于该装置的投入和产出链条相对单调，缺乏大量的副产品，这导致了装置的利润与其负荷之间存在明显的线性关系。在低利润或负利润的情况下，这常常会迫使装置的开工率下降。丙烷脱氢设备使用的主要原料是从外国进口的丙烷，其定价权在国外，被归类为清洁能源，并与外部的原油和天然气有着紧密的联系。2022 年，得益于外盘能源的强劲推动，丙烷的价格出现了逆增长的趋势。聚丙烯采用的是内部定价策略，主要基于国内的宏观需求进行定价，但在国内房地产市场的下行趋势和疫情的冲击下，聚丙烷价格持续走弱，进入了一个阶段性的库存积累阶段。丙烷脱氢装置的利润因供需关系中的弱成品和强原料而出现逆季节性的下降，一时间聚丙烷价格达到了前所未有的低点。

六、如何在期货市场与现货市场之间盈利?

线型低密度聚乙烯、聚丙烯和聚氯乙烯期货合约上市后，经过多年的市场培育，其期货价格的权威性逐渐为现货企业所接受，开始成为贸易商判断价格的重要依据。许多企业开始根据期货价格拟订经营计划，决定库存水平，指导现货交易。特别是 2020 年以来宏观周期波动下行让众多具有风险敞口的企业深刻地认识到：期货市场的存在对于现货企业具有极其重要的意义。越来越多的生产经营企业开始意识到将期货与现货两市结合起来的重要性。所以，这些期货品种越来越受到投资者的青睐。

所谓期现套利，是指当某种商品的期货价格与现货价格之间出现差距时，投资者进行买低卖高的一种交易方式。理论上说，只要期货合约的价格与现货价格之间的价差超过持有成本时，进行买入现货并卖出期货的套利交易，就能获取稳健的无风险收益。

持有成本 = 仓储费 + 保险费 + 资金占用利息 + 增值税 + 人工成本 + 包装费 + 其他费用（包括交易手续费、交割手续费、入库费用、检验费等）

期现套利已被证明是行之有效的获取稳定收益的投资方法，尤其适合于拥有现货购销渠道的投资者。在投机资金的推动下，期货与现货价差异常偏离，出现套利机会的情况时有发生。通过对价差的预测和监测，完全有可能在较短时间内完成套利交易。

某企业拥有约 200 吨聚氯乙烯常备库存。2022 年 11 月 1 日，聚氯乙烯期现价差达到了 -337 元/吨。该企业认为，期现倒挂超过 300 元/吨是一次非常难得的套利机会。于是，在不影响正常生产的前提下，企业决定将部分库存聚氯乙烯（100 吨）用于套利交易。于是企业在现货市场上抛售 100 吨现货，同时在期货市场上买入 20 手聚氯乙烯期货合约（相当于 100 吨现货）。到了 2023 年 1 月 20 日，期现价差扩大至 240 元/吨。尽管理论上期现价差仍有可能走阔，但企业认为需要等待较长时间，而此时结束交易，盈利已经相当丰厚，因此，企业随即作出决定，卖出平仓 20 手期货合约，同时购入 100 吨现货，回补库存。总盈利就是价差波动的这部分空间，即 337 元/吨加上 240 元/吨，最终收益达到 577 元/吨，100 吨总盈亏达到 57700 元。

总体来看，线型低密度聚乙烯、聚丙烯和聚氯乙烯的期现套利需要关注季节性波动，在消费旺季来临前期货价格往往会领先于现货价格启动行情，并且涨幅往往更猛烈。同时，期现套利也需要密切关注经济走向带来的影响，尤其是大宗商品价格走势。另外，期现套利对主体也有要求。个人投资者由于没有现货资源，即使看着收益可观，实施难度也大，所以只建议现货企业进行相关操作。

七、套利交易有哪些需要注意的地方？

相对于单边交易来说，套利交易显然属于一种低风险交易方式，但这并不意味着毫无风险。例如，流动性不足就是投资者必须关注的一种潜在风险，可能会影响套利“同进同出”原则的贯彻。在我国，目前的线型低密度聚乙烯、聚丙烯和聚氯乙烯期货合约中，通常只有一个月份的合约比较活跃。当投资者试图进行跨期套利时，如果近月和远月合约的流动性不对称，则可能导致流动性较低的合约难以按计划价格成交，特别是在交易量较大的情况下。

事实上，流动性不足不仅影响能否成功建仓，还会对能否成功离场产生严重影响。特别是在套利数量较大的情况下，其建仓和平仓成本都将有所增加，并导致利润下降。在极端情况下，甚至可能出现亏损。

另外，跨期套利多以差值或比值作为判断标准，较少涉及交割因素。但我们却不得不考虑时间因素，因为只要所持合约临近交割月份，套利风险通常都较难把握。而在我国的期货市场上，交割月份合约有时会受到挤压，导致价差关系严重失衡。此外，临近交割期，持仓保证金也会相应提高，进而影响套利效果。

八、如何计算套利成本?

在制定套利模式前，投资者需要明确如何计算套利成本，这样才能明晰投资的成本与收益。套利模式不同，其成本也有所不同。

一般来说，期现套利成本包括资金成本、仓储费、交易手续费、交割费、增值税。用公式描述如下：

期现套利成本 = 仓储费 + 资金成本 + 交易、交割费用 + 增值税

分品种看，不管是聚丙烯、线型低密度聚乙烯还是聚氯乙烯期货，其细分项目的成本存在差异性，在计算时我们常常要根据当下的情况来确定各个项目的参数情况。此外，这个公式只是显示出静态的持仓成本，但市场本身是动态的，因此成本端每日还是存在变化的。

自测题

一、单选题

1. 在金融市场中，“套利”一词的理解是（　　）。

A. 投机倒把　　B. 风险高的投资

C. 对价格定价理性的驱动力　　D. 无序交易行为

2. 在商品期货市场中，跨期套利的本质是（　　）。

A. 高买低卖

B. 仅买入或者仅卖出单一合约

C. 同时买入价值被低估月份的合约而卖出价值被高估月份的合约

D. 期货与现货之间的对冲

3. 根据以下描述，反向跨期套利的交易者认为当出现（　　）情况时，可以进行套利交易。

A. 当远月合约价格低于近月合约价格

B. 当远月合约价格高于近月合约价格加上持仓费用

C. 当远月合约价格等于近月合约价格

D. 当远月合约价格高于近月合约价格加上持仓费用

4. 在进行线型低密度聚乙烯、聚丙烯和聚氯乙烯期货之间的跨品种套利时，主要考虑的是（　　）。

A. 各个品种之间的技术指标

B. 各个品种之间基本面强弱引发的价差扩大机会

C. 各个品种的杠杆比率

D. 各个品种之间的价格相似性

5. 根据文中的描述，在期货市场与现货市场之间盈利的方式称为（　　）。

A. 跨期套利　　B. 期现套利

C. 反向套利　　D. 跨市套利

二、多选题

1. 进行套利交易时，投资者需要关注（　　）风险。

A. 流动性　　　　B. 价格波动

C. 交割　　　　D. 货币汇率

2. 以下（　　）因素会导致线型低密度聚乙烯、聚丙烯和聚氯乙烯期货价格出现变化。

A. 原油价格变化　　　　B. 生产成本变化

C. 供需关系变动　　　　D. 政策变化

3. 线型低密度聚乙烯、聚丙烯和聚氯乙烯的跨品种套利交易要考虑（　　）因素。

A. 同一供求因素的制约　　　　B. 不同生产工艺

C. 原料趋同性和替代性　　　　D. 同一行业竞争关系

4. 以下（　　）情况下，期现套利交易可以获得收益。

A. 期货价格高于现货价格

B. 现货价格高于期货价格

C. 期货与现货价格差距超过持有成本

D. 期货与现货价格完全一致

5. 以下（　　）行为属于套利交易。

A. 在一个市场买入商品并在另一个市场卖出相同的商品

B. 同时在不同月份的合约中买低卖高

C. 在牛市中购买资产期待价格上涨

D. 根据成本和利润变化考虑跨品种的套利策略

三、判断题

1. 套利交易不存在任何风险。（　　）

2. 正向跨期套利的原理是当前远月合约和近月合约的价差大于持仓成本时可以进行套利。（　　）

3. 期现套利适合于任何个人投资者进行操作。（　　）

4. 流动性不足可能会影响套利交易的成功。（　　）

5. 交割月份合约受到挤压时，将有利于套利交易的进行。 (　　)

四、填空题

1. 在金融市场中，套利活动不仅在__________发挥着重要作用，在日常生活中套利也可能在不经意间发挥作用。

2. 进行线型低密度聚乙烯、聚丙烯和聚氯乙烯跨品种套利交易时需要考虑的是相关商品的基本面强弱以及相互之间的__________。

3. 对于套利交易，近月和远月合约的__________是投资者需要关注的一个风险。

4. 当期货合约的价格与现货价格之间的价差超过__________时，期现套利交易可以获得无风险收益。

5. 各个项目的参数情况在计算套利成本时可能会根据__________来确定。

参考答案

一、单选题

1. C　2. C　3. B　4. B　5. B

二、多选题

1. ABC　2. ABC　3. AC　4. BC　5. ABD

三、判断题

1. 错误　2. 正确　3. 错误　4. 正确　5. 错误

四、填空题

1. 期货市场　2. 价差扩大机会　3. 流动性
4. 持有成本　5. 当下的情况

第六章

线型低密度聚乙烯、聚丙烯和聚氯乙烯期货的实物交割

本章要点

本章主要介绍了线型低密度聚乙烯、聚丙烯和聚氯乙烯期货的交割质量要求和国家标准以及在交割过程中需要注意的事项，包括交割只能由单位客户参与，且需按规定流程通过期货公司办理交割预报和交割手续，以及交割违约将面临的相应罚款。不同交割仓库有不同的升贴水标准，买方可在规定时间内提出交割意向选择仓库。此外，标准仓单对企业而言是资产，可用于交割、转让、提货、质押等，并可抵押给银行获取贷款。

一、线型低密度聚乙烯、聚丙烯和聚氯乙烯期货交割的准备工作有哪些？

交易所规定个人投资者不能参与交割，但企业可能或多或少地会涉及交

割，因此，我们需要对这个环节详细了解。

所谓实物交割，指的是期货合约标的物（即期货货物）的所有权从卖方向买方转移的过程。由于涉及货物及其所有权的转移，实物交割过程涉及货物存储、期货货物凭证（仓单）、质量检验等有关问题。其中，最为重要的是期货货物凭证，即标准仓单。

根据《大连商品交易所标准仓单交易管理办法（试行）》规定，包括线型低密度聚乙烯、聚氯乙烯、聚丙烯在内的标准仓单的卖方与买方必须为单位法人（自然人不得参与交割）。在涉及交割的过程中，标准仓单卖方应提前做好交割前的各项准备工作。例如，交易所对标准仓单交易采取实时收付的方式。买方仓单交易客户付清标准仓单全部货款及相关费用，经交易所确认后，完成货款划转和标准仓单过户。交易所向卖方仓单交易客户支付货款时，将按照摘牌标准仓单全部货款金额的一定比例预扣发票保证金。买卖双方仓单交易客户完成标准仓单过户后，交易所向买方仓单交易客户开具增值税专用发票，卖方仓单交易客户向交易所开具增值税专用发票。随后由卖方会员交给买方会员（发票或者交易所认可的其他单据，由交割的卖方向相对的买方开具，由双方会员转交、领取并协助核实，交易所根据双方会员确认结果结清相应的余款）。

提货前，买方应提前将客户名称、车船号、数量、提货时间告知仓库，以保证仓库及时组织出库。线型低密度聚乙烯、聚氯乙烯和聚丙烯的仓单有效期是每年 3 月最后一个交易日。

二、线型低密度聚乙烯、聚丙烯和聚氯乙烯的交割流程是怎么样的？

根据合约到期时间的不同，包括线型低密度聚乙烯、聚丙烯和聚氯乙烯期货合约在内工业品的交割方式分为交割月前的“期货转现货交割”和进入交割月后的“一次性交割”两种。客户的实物交割必须由会员办理，并且应以会员名义在交易所进行。

买方交割基本流程：交货款—领取“标准仓单持有凭证”—注销标准仓单，领取“提货通知单”—凭“提货通知单”到交割仓库办理出库手续—商品出库。

卖方交割基本流程：委托会员在系统中提交交割预报—货物入库（交割仓库验收）—交割仓库或指定质检机构检验—委托仓库在系统中进行标准仓单注册—委托会员在系统中提交仓单—参与交割，获得货款并开具增值税发票。

三、什么是线型低密度聚乙烯、聚丙烯和聚氯乙烯的一次性交割？

在合约最后交易日后，交易所组织所有未平仓合约持有者进行交割。同一客户号买卖持仓相对应部分的持仓视为自动平仓，不予办理交割，平仓价按一次性交割的交割结算价计算。一次性交割流程见表6－1。

表6－1　　工业品期货一次性交割流程

操作步骤	买方			卖方		
	货款	发票	仓单	货款	发票	仓单
最后交易日	闭市后买方持仓的交易保证金转为交割预付款					
标准仓单提交日						闭市前将与其交割月份合约持仓相对应的全部标准仓单交到交易所

续表

操作步骤	买方			卖方		
	货款	发票	仓单	货款	发票	仓单
配对日		配对日后1个交易日内将开具发票或者交易所认可的其他单据的具体事项通知卖方			配对日后7个交易日内将增值税专用发票、其他形式的发票或者交易所认可的其他单据交付买方	
最后交割日	闭市前补齐与其交割月份合约持仓相对应的差额货款		闭市后交易所将卖方会员提交的标准仓单交付买方会员	收到80%的交割货款，余款在提交了增值税专用发票、其他形式的发票或者交易所认可的其他单据后结清		

资料来源：《大连商品交易所交割管理办法》。

注：大连商品交易所上市的工业品品种均可采用一次性交割。交割结算价是期货合约自交割月第一个交易日起至最后交易日所有成交价格的加权平均价。

四、线型低密度聚乙烯、聚丙烯和聚氯乙烯的交割标准是什么？

从引用标准来看，线型低密度聚乙烯的交割质检主要参照以下国家标准：GB/T 6678 化工产品采样总则；GB/T 6679 固体化工产品采样通则；GB/T 11115 聚乙烯（PE）树脂；GB/T 1033.1 塑料 非泡沫塑料密度的测定 第1部分：浸渍法、液体比重瓶法和滴定法。具体见表6－2。

表6－2　　线型低密度聚乙烯交割质量指标

测试项目		单位	质量要求
颗粒外观	色粒	个/千克	≤40
	大粒和小粒	克/千克	≤10
熔体流动速率	标称值	克/10分钟	2.0
	偏差	克/10分钟	±0.5
密度		克/立方厘米	[0.915，0.923]
拉伸屈服应力		兆帕斯卡（MPa）	≥7.0
拉伸断裂标称应变		%	≥200

聚丙烯在交割质检上与线型低密度聚乙烯大同小异，交割除了要遵守GB/T 6678 化工产品采样总则和 GB/T 6679 固体化工产品采样通则外，还要参考 GB/T 12670 聚丙烯（聚丙烯）树脂指标（见表6－3）。

表6－3　　聚丙烯交割质量指标

测试项目		单位	质量要求
颗粒外观	黑粒	个/千克	0
	色粒	个/千克	≤5
	大粒和小粒	克/千克	≤100
熔体质量流动速率（MFR）		克/10分钟	≥2.5且≤4.0
等规指数		%	>95.5
灰分（质量分数）		%	≤0.03
拉伸性能	拉伸屈服应力	MPa	>29.0
	拉伸断裂应力	MPa	>15
	拉伸断裂标称应变①	%	>150

① 拉伸断裂标称应变，是用于评估塑料材料韧性的一种指标，特别是在材料存在屈服点的情况下。这一参数的计算方式是两夹具之间距离的单位原始长度的增量，即以夹具间距离代替了初始标距。通过这种方式，可以更加客观地评判塑料的韧性。

聚氯乙烯期货合约标准品为质量标准符合国家标准《悬浮法通用型聚氯乙烯树脂（GB/T 5761—2018）》的 SG5 型一等品（干流性指标不做要求）。优等品作为替代品，允许交割，优等品和一等品之间不设等级升贴水。

五、交割过程中有哪些规定？

无论采用何种方式进行交割，提出交割的都必须是单位客户，自然人不允许参与实物交割。

采用一次性交割方式的企业必须具备开具增值税专用发票的资格。买卖双方在交割过程中，均需通过各自的期货公司办理交割预报、转交增值税专用发票等流程。客户需委托会员办理交割预报。货主向指定交割仓库发货前，应当由会员向交易所办理交割预报。交易所应当在收到办理交割预报申请后的 3 个交易日内予以答复，并按“择优分配、统筹安排”的原则安排指定交割仓库。货主应当向交易所安排的指定交割仓库发货。除《大连商品交易所交割管理办法》和黄大豆 2 号等品种的期货业务细则另有规定外，未办理交割预报的商品不得用于交割。

此外，在交易所完成配对后，其配对结果不得变更。最后，买卖双方在办理入库出库手续时，都应到库进行监收或监发。

六、卖方入库需要注意哪些问题？

入库前客户应提前将客户名称、车船号、数量、到货时间告知仓库，以保证仓库及时组织入库，安排检验。如果客户没有提前告知仓库，仓库可能无法及时安排相应的装卸人手，会影响客户的入库速度。货物在入库后必须要进行检验、注册两个环节，才能进行交割。如果临近交割期时有多家客户的货物集中入库，会给检验带来较大压力，时间也会相应延长，因此建议客户尽早完成入库。

七、买方出库需要注意什么？

首先，注销仓单后无论是否提货，客户都应按交易所的规定及时与交割仓库联系，通知仓库是出库还是继续存放，并与仓库签订相应的现货仓储合同或协议。客户应在“提货通知单”开具后规定的时间内，到交割仓库办理出库或变现手续。逾期未办的，按现货提货单处理，凭现货提货单提取的商品，交割仓库不保证全部商品质量符合期货标准。

其次，最重要的一点，客户必须凭“提货通知单”到交割仓库办理提货手续。

客户在仓库提取线型低密度聚乙烯、聚氯乙烯和聚丙烯出库时，持有“提货通知单”或者提货密码的货主应当在实际提货日 3 个自然日前与指定交割仓库联系有关出库事宜，并在标准仓单注销日后 10 个工作日内（含当日）到指定交割仓库提货。

客户在厂库提货时，货主应当在标准仓单注销日后（不含注销日）的 4 个自然日内（含当日）到厂库提货。厂库应当在标准仓单注销日后（不含注销日）的 4 个自然日内（含当日）开始发货。在实际操作中，建议客户与厂库提前联系，以便合理安排运输工具和提货事宜。

八、不同的交割仓库有什么差异？

线型低密度聚乙烯、聚丙烯和聚氯乙烯的指定交割仓库分为基准指定交割仓库和非基准指定交割仓库，分别设在江苏、上海、浙江、山东、天津、广东等地。目前，线型低密度聚乙烯非基准指定交割仓库中重庆地区的升贴水为－150元/吨，其余地区的升贴水均为零；聚丙烯非基准指定交割仓库中重庆地区的升贴水为－150元/吨，山东地区的升贴水为－100元/吨，其余地区的升贴水为零；聚氯乙烯非基准指定交割仓库的升贴水为零，交易所将视市场发展情况调整非基准指定交割仓库的升贴水标准。仓库目录详见交易所网站。

九、买方交割可以选择仓库吗？

在最后交易日后第二个交易日闭市前，买方可以根据交易所公布的信息，提出交割意向申报。买方可以申报两个交割意向，即第一意向和第二意向，其优先性顺序为：对任一买方，先考虑其第一意向，第一意向未得到满足或未全部得到满足时，再考虑其第二意向；对任一交割仓库，先考虑将该仓库作为第一意向的买方，若有剩余仓单，再考虑将该仓库作为第二意向的买方。

配对日闭市后，交易所按照如下原则和步骤进行交割配对。

第一步：汇总标准仓单。交易所以仓库为单位汇总卖方的标准仓单。

第二步：匹配买方和交割仓库。对任一交割仓库，若提出交割意向的买方持仓数量合计小于其标准仓单数量，则所有买方的意向均要满足；若提出交割意向的买方持仓数量合计大于其标准仓单数量，则按照“平均持仓时间长优先”的原则确定参与交割配对的买方。

第三步：匹配买卖双方。交易所将配好仓库的买方与持有该仓库仓单的卖方以“最少配对数”原则进行配对，确定交割对应的买卖双方。

客户提货时，应当向指定交割仓库提供提货人身份证、提货人所在单位证明、“提货通知单”或者提货密码，同时与指定交割仓库结清自标准仓单注销日次日至提货日的有关费用。

十、如何实现期转现？期转现有什么优点？

期货转现货（以下简称“期转现”）是指持有同一交割月份合约的交易双方通过协商达成现货买卖协议，并按照协议价格了结各自持有的期货持仓，同时进行数量相当的货款和实物交换。期转现交割流程见表6-4。

表6-4　　期转现交割流程

期转现种类	申请及批复	提交材料	双方义务	货款交收	交割费用
标准仓单期转现	交易日11：30前提出申请，交易所在申请的当日内予以审批	期转现申请；现货买卖协议；相关的货款证明；相关的标准仓单、入库单、存货单等货物持有证明	批准日11：30前，卖方会员应将相应数量的标准仓单交到交易所；买方会员应将按协议价格计算的全额货款划入交易所账户	仓单交收和货款支付由交易所负责办理	按该品种交割手续费标准收取
非标准仓单期转现	交易所在收到申请后的3个交易日内予以审批	期转现申请；现货买卖协议；相关的货款证明；相关的入库单、存货单等货物持有证明	交易双方在现货交易结束后向交易所提交货物交收和货款支付证明，交易所有权进行监督和核查	货物交收和货款支付由交易双方自行协商确定，交易所不承担保证责任	按该品种交易手续费标准收取

资料来源：《大连商品交易所交割管理办法》。

期转现交割还要注意以下事项。一是交易所上市的所有工业品品种均可采用期转现交割。二是提出期转现申请的客户必须是单位客户，线型低密度聚乙烯、聚丙烯和聚氯乙烯的期转现期限为该合约上市之日起至交割月份前一个月倒数第三个交易日（含当日）。三是期转现批准日结算时，交易所应将交易双方的期转现持仓按协议价格进行结算处理，产生的盈亏计入当日平仓盈亏。四是期转现的持仓从当日持仓量中扣除，交易结果不计入当日结算价和成交量。每个交易日结束后，交易所将当日执行的期转现有关信息予以公布。

十一、仓单生成和注销需要注意什么问题？

（一）在仓单生成阶段要注意的问题

一是货主向指定交割仓库发货前，应当由会员向交易所办理交割预报。交易所应当在收到办理交割预报申请后的 3 个交易日内予以答复，并按"择优分配、统筹安排"的原则安排指定交割仓库。会员办理交割预报时，应当向交易所缴纳交割预报定金。线型低密度聚乙烯、聚氯乙烯和聚丙烯交割预报定金为 30 元/吨。

二是交割预报自办理之日起有效，有效期为 30 个自然日。在有效期内按照交割预报执行的，交割预报定金在商品入库后予以返还；部分执行的，按照实际到货量予以返还；未在有效期内执行的，交割预报定金不予返还，未返还的交割预报定金罚没给对应指定交割仓库。

三是办理完交割预报的货主在发货前，须将车船号、品种、数量、到货时间等通知指定交割仓库，指定交割仓库应当合理安排接收商品入库。货主未向交易所安排的指定交割仓库发货的，应当重新办理交割预报，同时该批商品应当倒运到交易所新安排的指定交割仓库进行交割，由此产生的费用及出现的后果由货主承担。商品收发重量或数量以指定交割仓库检重或核对为准。商品入库、出库，货主应到库监收监发。未办理交割预报的货物不能交割。已经交割过的商品如在原指定交割仓库进行交割，不需要办理交割预报。

（二）在仓单注销阶段要注意的问题

一是商品出库时，持有“提货通知单”或者提货密码的货主应当在实际提货日3个自然日前与指定交割仓库联系有关出库事宜，并在标准仓单注销日后10个工作日内（含当日）到指定交割仓库提货。货主应当在交易所规定的期限内提货，逾期未提货的，标准仓单相应的期货商品转为现货，指定交割仓库不保证全部商品质量符合期货标准。

二是标准仓单相应的期货商品转为现货后，如需再次生成标准仓单，应当按照期货合约标准重新检验，并按有关规定办理。线型低密度聚乙烯、聚氯乙烯和聚丙烯期货的标准仓单在每年3月份的最后1个交易日之前应当进行标准仓单注销。

十二、企业如何利用和管理仓单？

标准仓单本质上也是企业资产，灵活合理地利用将有助于提高企业资产利用率，缓解企业短期资金紧张问题。标准仓单是经交易所注册生效的实物提货凭证。与一般票据相比，标准仓单具有信用度高、流通性好和价值高的特征，是一种很好的信贷品种。通常，标准仓单可用于交割、转让、提货和质押，也可用于冲抵期货交易保证金。

质押主要是将注册仓单抵押给期货交易所，并获取大约相当于仓单价值80%的金额。质押得到的金额，只能用作期货交易所需保证金，不得用于支付期货交易的相关亏损、费用、货款和税金等款项。期货仓单也可以向商业银行进行抵押贷款，银行与利用仓单质押贷款的企业及期货公司签订三方协助监管协议。相当于企业向交易所质押仓单，银行作为信贷出借方对借款企业的资格审查会更加严格。

十三、如何计算交割费用?

交割费用（成本）关系到期货套期保值的效果，投资者要想了解交割涉及哪些费用，以及如何计算交割成本，可以参考大连商品交易所网站的“业务/服务”菜单下的“业务指引”，“业务指引”菜单下的“工业品交割业务”的“相关费用及参数”，来下载线型低密度聚乙烯、聚氯乙烯和聚丙烯期货的交割相关费用规定。

十四、交割违约如何处理?

发生交割违约后，交易所于合约最后交割日（滚动交割的交收日）结算后通知违约方和相对应的守约方。违约通知通过会员服务系统随当日结算数据发送，会员服务系统一经发送，即视为已经送达。构成交割违约的，由违约方支付违约部分合约价值20%的违约金给守约方，买卖双方终止交割。按照《大连商品交易所交割管理办法》规定，出现终止交割情形时，交易所的担保责任了结。若买卖双方都违约的，交易所按终止交割处理，并对双方分别处以违约部分合约价值5%的罚没。会员发生部分交割违约时，违约会员要按标准仓单或所得货款进行违约处理。会员在实物交割环节上蓄意违约的，按《大连商品交易所违规处理办法》第三十九条规定执行。

自测题

一、单选题

1. 线型低密度聚乙烯交割质量指标中颗粒外观的大粒和小粒质量要求是（ ）。

A. g/kg≤5　　B. g/kg≤10

C. g/kg≤40　　D. g/kg≤100

2. 在聚丙烯的交割质量指标中，拉伸屈服应力的要求是（ ）。

A. ≥29.0MPa　　B. ≥7.0MPa

C. ≥15MPa　　D. ≥200%

3. 聚氯乙烯期货合约的标准品类型是（ ）。

A. 优等品　　B. SG5 型一等品

C. SG3 型一等品　　D. SG8 型一等品

4. 交割过程中单位客户委托会员需要通过（ ）系统进行填报。

A. 大连商品交易所专用系统　　B. 中国金融交易系统

C. 国际商品交易系统　　D. 亚太商品交易系统

5. 买方最终选择交割仓库的原则是（ ）。

A. 卖方选择优先　　B. 第一意向优先

C. 第二意向优先　　D. 平均持仓时间长优先

二、多选题

1. 入库前客户需要提前通知仓库的信息包括（ ）。

A. 客户名称　　B. 车船号

C. 数量　　D. 到货时间

2. 期转现申请需要提交的材料有（ ）。

A. 期转现申请　　B. 现货买卖协议

C. 货款证明　　D. 存货单等货物持有证明

3. 标准仓单可用于（　　）方面。

A. 交割　　B. 转让

C. 提货　　D. 冲抵期货交易保证金

4. 临近交割期时可能出现（　　）。

A. 客户货物集中入库　　B. 检验压力增大

C. 入库时间延长　　D. 提货时间缩短

5. 交割违约时，买卖双方须承担的责任有（　　）。

A. 违约金支付　　B. 交割终止

C. 货款的返还　　D. 罚没交付

三、判断题

1. 线型低密度聚乙烯非基准指定交割仓库中重庆地区的升贴水为 -100 元/吨。（　　）

2. 提取线型低密度聚乙烯出库时，货主应提前联系仓库并在标准仓单注销日后 10 个工作日内提货。（　　）

3. 银行对于利用仓单质押贷款的企业的资格审查比向交易所质押更宽松。（　　）

4. 期转现批准日结算时，交易双方的持仓将按协议价格进行结算。（　　）

5. 单位客户可以申请参与实物交割过程。（　　）

四、填空题

1. 按照国家标准，线型低密度聚乙烯交割质量指标中熔体流动速率的标称值是＿＿＿＿＿＿。

2. 交割过程中，客户需在交割预报批准日后＿＿＿＿＿＿天内完成预报商品的入库。

3. 线型低密度聚乙烯、聚丙烯和聚氯乙烯期货的交割质检主要参照的国家标准分别是＿＿＿＿＿＿、＿＿＿＿＿＿、《悬浮法通用型聚氯乙烯树脂》（GB/T 5761—2018）。

4. 企业需要向＿＿＿＿＿＿提交“提货通知单”或者提货密码，以便在指定交割仓库办理提货手续。

5. 发生交割违约后，违约方须支付合约价值的__________%作为违约金给守约方。

参考答案

一、单选题

1. B　2. A　3. B　4. A　5. B

二、多选题

1. ABCD　2. ABCD　3. ABCD　4. ABC　5. ABD

三、判断题

1. 错误　2. 正确　3. 错误　4. 正确　5. 正确

四、填空题

1. 2.0g/10min　2. 30　3. GB/T 6678；GB/T 6679

4. 指定交割仓库　5. 20

第七章

风险和风险管理

本章要点

本章重点介绍了期货市场的风险与风险管理，强调了可控风险与不可控风险的区别，讨论了期货市场风险的来源，如现货市场、杠杆工具等，并探讨了特定风险，如增值税发票风险、流动性风险及操作和网络风险；同时提供了降低期货投资风险的策略，包括资金管理、制定应对策略及减少增值税发票风险。

在人类的日常生活中，始终伴随着各种各样的风险，如地震、海啸、洪水、泥石流等自然灾害的风险。这些风险大多属于不可抗力所致，人类很难避免。然而，有些风险则完全不同，并非不可避免，如交通事故、生产装置爆炸、火灾等。通常，我们将并非不可避免的那些风险称为“可控风险”。换言之，只要管理得当、措施到位，此类风险完全可以避免。因此，区分可控风险和不可控风险具有重要的现实意义。

尽管投资伴随着风险，但这种风险大多可控，期货投资也不例外。换句话说，投资伴随的风险由投资的性质所决定。事实上，当产出达不到投资的预期效果时，投资就会出现损失。虽然期货投资存在风险，但不可否认的是，规避期货交易风险是有方法的。一般来说，期货投资者只要有足够的风险意识，大部分风险是可以避免的，至少可以将风险控制在可以承受的范围之内。

为了规避或降低期货投资风险的影响，我们需要对期货投资风险有较为深入的了解，包括风险成因、风险危害以及风险特点等。只有对期货投资风险有足够的了解，交易者才能找到规避风险或降低风险危害的有效途径和方法。因此，分析期货市场投资风险的成因，了解期货交易特点极为重要。

一、期货市场风险是否源于现货市场?

规避风险是期货市场的两大主要功能之一，而现货企业规避风险的方法就是利用期货工具进行对冲（锁定价格）。从这种意义上来说，套期保值交易在期货市场上发挥着重要的作用。一般认为，期货市场上的主要风险通常来源于现货市场和广泛使用的杠杆工具。前者源于现货企业的套期保值行为，因为套期保值者将持有的现货市场风险，通过使用期货对冲工具巧妙地转移至期货市场。期货市场的投机者则承接了套期保值者转移至期货市场上的风险。当然，这只是期货市场风险的来源之一。事实上，投机者承接的风险也可能源于流动性风险，某些特定的期货合约，特别是远期月份的期货合约，可能交易不活跃，从而导致无法在理想的价格水平上买入或卖出合约。另外，期货市场价格容易受宏观情绪影响，包括经济数据、政策改变、产区的气候条件、全球宏观经济状况引发的交易情绪波动等。这些因素都可能导致期货价格出现大幅波动。

二、杠杆工具是否放大了市场风险?

正如前文所说，期货市场上的主要风险通常来源于现货市场和广泛使用的杠杆工具。前者源于现货企业的套期保值行为，而后者源于投资者使用的杠杆工具，将原本有限的风险成比例地放大了。杠杆工具是一种特殊的投资工具，期货市场上的保证金交易就是运用资金杠杆的一种交易形式。其特点是，通过使用较少的资金放大投资者的交易规模。显然，杠杆工具的使用有效地提高了投资者的资金使用效率。然而，使用杠杆工具的必然结果不仅可以提高资金使用效率和投资收益，同时也放大了投资风险，是一把双刃剑。

三、什么是增值税专用发票风险?

除了套期保值交易转移现货市场风险和使用杠杆工具放大风险之外，期货交易中还存在另外一种风险，即源于交割需出具增值税专用发票而形成的风险。显然，不涉及交割的期货交易并没有增值税专用发票风险。

根据交易规则，参与卖出交割的一方，必须按交易所规定出具增值税专用发票。而该结算价与卖方期货头寸的实际成交价无关。这就带来了一个问题，即当交割结算价远高于卖方的期货实际成交价时，卖方必须承担高于实际成交价部分所形成的增值税。对于套期保值交易者来说，这是一种额外的负担，也是一种不可预测的风险。然而，尽管增值税风险无法预测，但仍然存在可以降低增值税风险的有效方法。

现货生产企业参与期货交易的目的之一，是将期货市场作为销售现货的补充渠道。因此，不少企业通常将一部分产量，通过期货市场进行销售，只要保证是期货市场价格高于现货市场价格、期货持仓费用与销售利润三者总和即可。当企业卖出期货合约之后，如果期货价格回落，且跌幅达到一定的幅度，企业往往会采取对冲平仓的策略，并不一定坚持交割。只有当期货价格不跌反涨，且涨幅达到一定幅度时，企业才会选择到期交割。

2023 年 6 月 16 日，聚丙烯 2309 合约在连续 4 个交易日大幅拉升之后开始盘整。某塑料贸易企业认为，仅从 6 月 13 日至 6 月 16 日的 4 个交易日，聚丙烯 2309 合约便从 6786 元/吨涨至 7034 元/吨，涨幅高达 248 元/吨。鉴于该贸易企业的现货成本价低于 7000 元/吨，且目前期货价格高于现货市场价格约 100 元/吨，因而具备了通过期货市场销售现货的条件。换句话说，通过期货市场卖出期货合约，并持有至到期交割，则可获得近 50 元/吨的利润（基差 - 持仓费）。因此，该贸易企业决定通过期货市场卖出现货。

然而，卖出期货合约之后期货价格不跌反涨（最高涨至 7736 元/吨），导致企业不得不连续增加保证金，既增加了企业的资金成本，增值税专用发票风险也随之增加。到最后交易日，尽管期限价差收拢，结算价涨至 7686 元/吨，依然高于开仓价。事实上，本次交易中，企业的实际卖出成交价为 7050 元/吨（开仓价），但开票价（交易所规则规定）为 7686 元/吨。其中，增值税部分为 82.68 元/吨（发票价与实际成交价之差 × 增值税税率 = 636 × 13%），增加了交易成本。这就是增值税专用发票风险。

因此，当企业参与卖出套期保值交易时，如果价格不跌反涨，到期交割在所难免。换句话说，在卖出套期保值交易中，一旦价格不跌反涨，企业就无法回避增值税专用发票风险。然而，尽管此类风险无法回避，但还是存在某种方法可以将增值税专用发票风险控制在一定范围之内。通常，我们可以通过调整交割数量，达到控制增值税总额的目的。

四、长假休市期间是否具有某种风险？

长假休市期间的某些风险来自国内外期货市场交易时间的不同步。每次遇到国内的长假，国内期货市场休市但国际期货市场照常交易时，这种交易时间上的不同步，很容易给投资者带来风险。因为，当国内期货市场恢复交易时，国际期货市场上相同或相关品种的价格已经大幅上扬或回落。国内期货市场一开盘便可能遭遇大幅跳空高开或低开的局面，甚至直接封在涨跌停板价位上。在极端的情况下，还有可能出现连续数日封在涨跌停板价位上的情况，甚至造成某些投资者穿仓的严重后果。这种内外盘交易时间上的不同步，无疑会使国内投资者处于较为尴尬的境地。这就是所谓的“休市风险”或者“长假风险”。

2023 年国庆节长假期间，我国股市和期货市场于 2023 年 9 月 28 日开始休市，休市至 10 月 9 日，10 月 9 日恢复交易。休假前一天 9 月 28 日，线型低密度聚乙烯主力 L2401 合约收涨 0.18%，至 7746 元/吨，显示出低位反弹的迹象。该日结算价为 7756 元/吨。此时，如果多单持仓过节将面临较大的风险。10 月 1 日至 10 月 8 日，国际原油价格大幅下行，10 月 8 日原油 WTI 期价最低至 82.81 美元/桶，9 月 28 日最高至 95.03 美元/桶，波动幅度达 8.77%。

2023 年 10 月 9 日开市后，受假期外盘下行带动，线型低密度聚乙烯主力 L2401 合约开盘向下大幅跳空至 8170 元/吨，收盘跌 136 点（1.65%），至 8125 元/吨。随后几日，行情继续补跌，最低点达到 7789 元/吨。对于多单持有者，假期前后亏损至少 136 元/吨，至 10 月 19 日，最大亏损为 602 元/吨。可见，若长假前后价格波动剧烈，投资者将面临较大的风险。正是由于这种特殊风险的存在，交易所通常会在长假之前相应地提高保证金收取标准，以降低风险倍数。投资者应该学会根据各个品种的风险特点和假期的时间长短，相应地降低持仓水平，将风险控制在自己能够承受的范围之内。

五、涨跌停板限制可能带来什么风险？

涨跌停板限制也可能给交易者带来风险。涨跌停板限制的初衷是将风险控制在投资者可以承受的范围之内。通常，期货公司的保证金都会在交易所规定的标准金基础上再加上 3 ~ 5 个百分点。这就意味着，即使出现一个涨跌停板，投资者也不会穿仓。从这个角度看，涨跌停板限制属于风险控制的范畴。然而，市场情况错综复杂，连续涨跌停板的情况屡见不鲜。在极端情况下，投资者的平仓（止损）指令往往无法成交（没有对手单）。此时，如果不能及时追加保证金，则必然导致穿仓，后果极为严重。

假设 10 月 9 日 L2401 合约收于 8125 元/吨（结算价为 8150 元/吨），某投资者以收盘价买入 L2401 合约 10 手。根据规定，收盘时每手合约的保证金不得低于 10%，即 8125 × 5 × 12% = 4875 元/手。那么该投资者建仓当天的结算保证金为 48750 元（假设该投资者满仓操作，资金仅为 50000 元）。

L2401 合约第二天开盘便下行至 7742 元/吨（5% 的跌停幅度）。尽管该投资者及时下达了平仓止损指令，却没有机会成交。10 月 10 日收盘结算后，该投资者权益减少了 19150 元。保证金余额仅为 30850 元，即 50000 - 19150，不足所需的 46452 元，即 7742 × 5 × 12% × 10，但仍高于交易所的保证金标准 27097 元，即 7742 × 5 × 7% × 10。因此，投资者必须追加保证金，只是他的期货账户还没有触及穿仓底线。

由于追加保证金的最后时限为第二天的 9：30 之前，而 10 月 11 日开盘后 L2401 合约再次封在跌停板价位上（7355 元/吨），且投资者下达的平仓指令在 9：30 之前又没有成交。此时，该客户的资金权益为 11500 元，低于交易规定的最低保证金要求 25743 元，即 7355 × 5 × 7% × 10。到收盘时，该客户的权益 11500 元不足支付当天亏损部分 25743 元，实际上他的期货账户已经穿仓了。

六、什么是流动性风险？

流动性（Liquidity），指资产能够以一个合理的价格顺利变现的能力，它是一种所投资的时间尺度（卖出它所需多长时间）和价格尺度（与公平市场价格相比的折扣）之间的关系。而期货市场的流动性，指的是期货合约能够以合理价格顺利变现的能力。简单地说，流动性高指的是参与交易的投资者数量众多，市场成交量大。因此，当投资者入场交易时，即使买入或卖出的合约数量很大，也能立即成交。而流动性低则意味着参与交易的投资者数量有限，成交量低。因此，当投资者入场交易时，即使买入或卖出的期货合约数量不大，也很难成交。

自上市以来，线型低密度聚乙烯、聚丙烯和聚氯乙烯期货的流动性不断提高。2023 年下半年以来，三者的持仓量和成交量快速增大，尤其是线型低密度聚乙烯、聚丙烯和聚氯乙烯期货主力合约的持仓量分别突破了 32 万手、40 万手和 73 万手，且有继续增加的倾向，流动性风险已经大大降低了。

七、还有哪些常见的期货交易风险？

除了上述期货市场特有的风险类型之外，投资者还可能遇到操作风险和网络风险等常见的风险。前者指的是投资者在交易过程中因操作失误而造成的交易风险；后者指的是网络中断导致投资者无法下达交易指令（特别是止损指令），从而错失交易时机形成的风险。

八、如何通过资金管理降低期货投资风险？

如前文所述，杠杆工具有放大风险的作用，且风险倍数与保证金比例有关。因此，资金管理等同于风险管理。事实上，投资者只要管理好手中的资金，风险就可能远离我们。所谓资金管理，通常指的是在期货交易过程中，投资者可以动用的资金比例。一般来说，初次建仓时，投资者动用的资金应不超过资金总额（指期货账户上的资金总额）的30%。初始动用30%的资金对应的风险倍率为3.33，意味着价格每波动1%，投资者的浮动盈亏将在价格波动的幅度上放大3.33倍。换句话说，当价格向不利于投资者的方向变化时，期货价格每变化100元，投资者将浮亏333元。

九、如何通过制定应对策略降低交易风险？

应对策略指的是当价格变动与预期的方向相反时，投资者应该采取的应急对策。一般来说，投资者在投资决策的过程中应该完成以下工作：对未来走势作出判断（包括趋势方向、持续时间和价格高度），确定入场时机，制定应对策略（包括止损和止盈），并将应对策略纳入交易方案之中。

事实上，制定应对策略的主要目的是避免当行情向不利于投资者的方向变化时投资者出现较大亏损。因此，应对策略的主要内容就是止损，或确定止损条件。一般来说，止损的方法有两类：一类是根据投资者能够或愿意承担的亏损额进行止损；另一类则需根据行情走势进行判断，确定是否需要止损。前者属于有限亏损止损法，亏损金额与每次动用的资金比例有关（如3%或5%），是普通投资者常用的方法；而后者则需判断行情是否已经逆转，进而决定是否止损。一般来说，除非基本面发生变化，或此前作出判断的依据基础消失，或重要技术指标已经发出了止损信号，否则不做任何反应。这种方法通常适用于企业客户，特别是套期保值客户。

十、如何降低增值税专用发票风险？

当企业参与卖出套期保值交易之后，如果价格不跌反涨，特别是交割结算价可能远高于企业的卖出成交价时，企业必须采取相应的行动，降低增值税所造成的负面影响，将增值税损失限制在现货盈利的范围之内。换句话说，应满足“增值税部分≤期货成交价－现货成本－持仓费用”。事实上，只有适当地调整交割数量，才能达到调整增值税的效果。这就意味着，交割数量必须受到现货盈利水平的制约。

计算对冲平仓手数的公式如下：

$X = 0.13 \times J \times 1.13N\ (J - K + 0.13 \times 1.13J)$

其中，X为应平仓手数，N为开仓（持仓）手数，K为开仓价，J为交割结算价，并假设平仓价与交割结算价相等。尽管增值税风险难以预测，但投资者依然可以在最后交易日前通过调整交割头寸的方法，控制套期保值交易的效果。

自测题

一、单选题

1. 期货市场上的主要风险通常来源于（　　）。

A. 现货市场　　B. 国内宏观政策

C. 企业财务状况　　D. 国际市场波动

2. 使用杠杆工具在期货市场上的效果是（　　）。

A. 降低风险　　B. 消除风险

C. 放大风险　　D. 不改变风险

3. 增值税专用发票风险是由（　　）引起的。

A. 交割时的价格波动

B. 交割时出具不同价位的增值税专用发票

C. 现货价格波动

D. 期货市场的关闭

4. 休市风险是由（　　）造成的。

A. 期货市场的波动性

B. 国内外期货市场交易时间的不同步

C. 投资者的错误判断

D. 投资者的操作失误

5. 流动性低，在期货市场上意味着（　　）。

A. 该合约难以成交　　B. 价格会持续上升

C. 交易者无须担心价格波动　　D. 每笔交易的成本会更低

二、多选题

1. 期货市场交易中可能遇到的风险包括（　　）。

A. 操作风险　　B. 网络风险

C. 流动性风险　　D. 增值税专用发票风险

2. 以下（　　）措施可以帮助投资者降低期货投资风险。

A. 尽可能增加杠杆倍数　　B. 通过对冲平仓调整交割头寸

C. 盲目跟随市场情绪　　D. 制定周全的应对策略

3. 投资者为了避免损失应在（　　）环节做好预防性措施。

A. 选择开仓时机　　B. 制定止损策略

C. 规避现货市场的风险　　D. 动态管理投资资金

4. 在期货交易中，若期货价格不跌反涨，企业可能面临的风险有（　　）。

A. 现货市场风险　　B. 增加资金成本

C. 增值税风险上升　　D. 流动性风险

5. 资金管理在期货交易中可能涉及的策略包括（　　）。

A. 动用全部资本以追求最大收益

B. 设置最大资金占用比例

C. 根据市场波动调整资金使用效率

D. 适当使用杠杆工具

三、判断题

1. 所有的风险在期货市场上都是不可避免的。（　　）

2. 期货价格大幅波动总是由现货市场引起的。（　　）

3. 期货交易过程中，杠杆的使用完全无风险。（　　）

4. 长假休市期间的风险可以通过在国际市场上操作来避免。 ( )

5. 一个合理的资金管理策略可以显著减少投资者面临的风险。 ( )

四、填空题

1. 在期货交易过程中，__________是期货合约能够以合理价格顺利变现的能力。

2. 根据投资者能够或愿意承担的亏损额进行止损，这种方法称为__________。

3. 期货交易中，增值税风险是无法__________，但投资者可以通过__________来控制该风险。

4. 期货投资者初次建仓时动用的资金不应超过资金总额的__________。

5. 期货市场的__________和__________是期货合约能以合理价格顺利变现的两个重要指标。

参考答案

一、单选题

1. A　2. C　3. B　4. B　5. A

二、多选题

1. ABCD　2. BD　3. ABD　4. BC　5. BCD

三、判断题

1. 错误　2. 错误　3. 错误　4. 错误　5. 正确

四、填空题

1. 流动性　2. 有限亏损止损法　3. 预测；调整交割数量

4. 30%　5. 时间尺度；价格尺度

第八章

期权的概念与基本要素

本章要点

本章主要介绍了期权的基本类型与特点，包括看涨期权和看跌期权的定义、持有者的权利与不对等的义务，以及期权的执行价格和到期类型（欧式与美式）；讨论了风险管理，包含保证金制度、涨跌停板制度、限仓制度、交易限额制度、大户报告制度、强行平仓制度和风险警示制度。此外，本章还指出期权交易可以应用在聚丙烯产业链中以对冲价格波动风险，并通过实际案例说明了如何使用看跌期权进行风险管理。最后，本章概述了线型低密度聚乙烯、聚丙烯和聚氯乙烯期权交易的风险防控措施。

一、期权的基本类型与特点是什么？

期权可以被视为一种合同，这种合同授权持有者在特定的日期或之前的任何时刻，以固定的价格购买或出售某项资产。从权益的视角出发，期权合同至少涉及买方和卖方这两个方面。虽然持有者拥有某些权益，但他们并不需要承担对应的责任。期权所涉及的对象是那些被选择购买或出售的资产。它涵盖了如股票、政府债务、货币、股票指数以及商品期货等多种类别。期权是由这些标的物衍生出来的，因此被称为“衍生金融工具”。需要强调的是，出售期权的人并不总是持有目标资产。期权具有“卖空”的可能性。购买期权的人可能并不真的想要购买资产标的。因此，在期权到期的时候，双方并不一定要进行标的物的实物交割，只需要根据价差来补齐价款。从期限的视角来看，双方约定期权到期的那一天被称作“到期日”，如果这个期权只能在到期日执行，那么就被称为“欧式期权”；如果这种期权能在其到期日或之前的任何时刻被执行，那么它被称作“美式期权”。从期权的实施角度看，根据期权合同购买或出售目标资产的行为被称作“执行”。期权合约里所规定的，期权持有者用以购买或出售目标资产的固定价格被称作“执行价格”。

期权主要分为两种类型，即看涨期权（Call）和看跌期权（Put）。

（一）看涨期权

购买看涨期权意味着，当期权的购买者支付给期权的出售方一定数量的权利金后，他们便获得了在期权合约有效期内，按照预先约定的价格向出售方购买特定数量的期权合约所规定的商品的权益，但并不需要承担购买的责任。在期权的规定有效期内，卖方有责任按照买方的要求，按照期权合约预先设定的价格出售期权合约中规定的特定商品。

（二）看跌期权

买入看跌期权意味着期权的购买方有权按照预先约定的价格向卖方出售期权合同中规定的特定商品数量，但他们并不承担必须出售的责任。期权的销售方有责任在期权所规定的有效期限内，应买方的请求，按照期权合约预先设定的价格购买期权合约所规定的特定商品。

期权交易策略灵活多样，期权交易基本类型可分为看涨期权和看跌期权，交易方向与期货类似，分为买和卖两个方向，因此，我们可以得到四个单一期权交易策略（见图 8－1）：买入看涨期权和卖出看涨期权；买入看跌

买入看涨期权

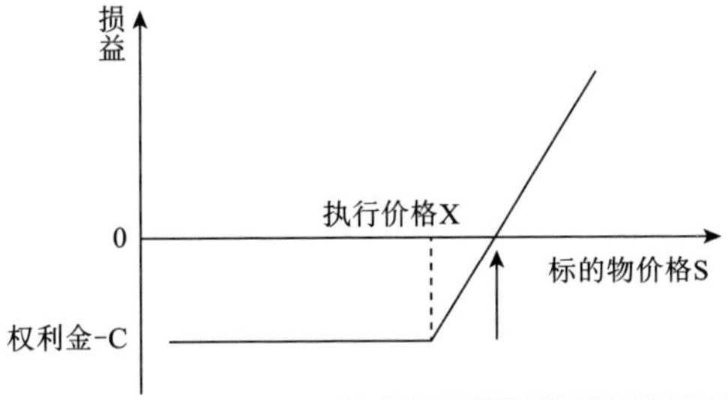

- 当 S > X + C 时，收益 = S - (X + C)；
- 当 S = X + C 时，损益平衡；
- 当 X < S < X + C 时，亏损 = S - (X + C)；
- 当 S≤X 时，最大亏损 C。

卖出看涨期权

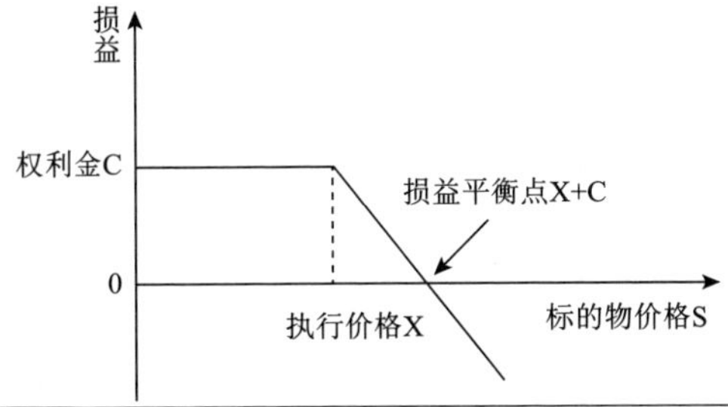

- 当 S≤X 时，最大收益 = C；
- 当 X < S < X + C 时，收益 = (X + C) - S；
- 当 S = X + C 时，损益平衡；
- 当 S > X + C 时，亏损 = (X + C) - S。

买入看跌期权

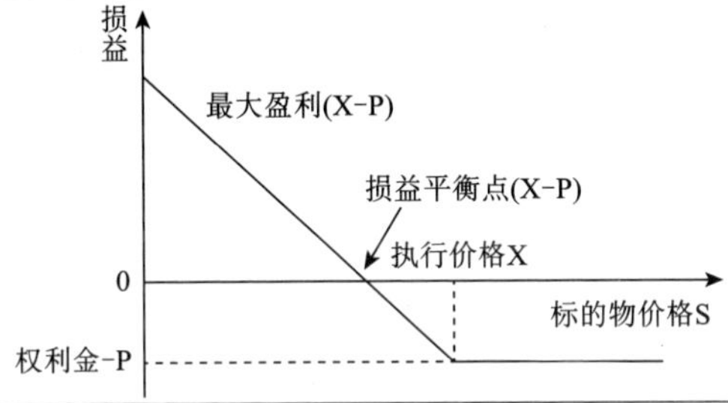

- 当 S = 0 时，最大收益 = X - P；
- 当 0 < S < X - P 时，收益 = X - P - S；
- 当 S = X - P 时，损益平衡；
- 当 X - P < S < X 时，亏损 = X - P - S；
- 当 S≥X 时，最大亏损 P。

卖出看跌期权

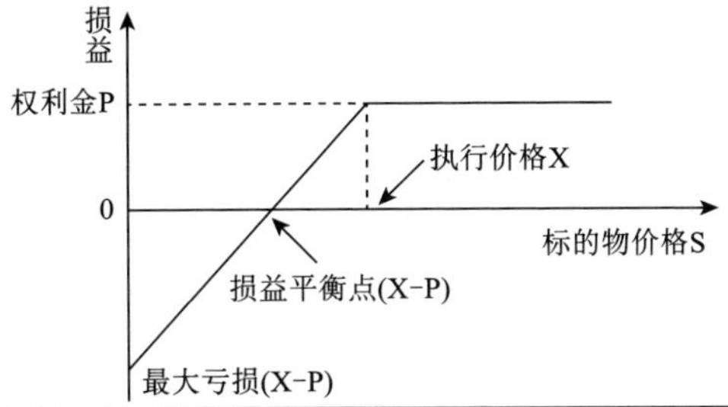

- 当 S≥X 时，最大收益 = P；
- 当 X - P < S < X 时，收益 = S + P - X；
- 当 S = X - P 时，损益平衡；
- 当 0 < S < X - P 时，亏损 = S + P - X；
- 当 S = 0 时，最大亏损 P - X。

图 8 - 1　单一期权的四个交易策略盈亏分析

资料来源：大连商品交易所，由广发期货整理。

期权和卖出看跌期权。而这些单一的基础策略，通过组合能够衍生出五花八门的策略组合。这些策略往往用于增加杠杆或者降低交易成本，具体内容可参照大连商品交易所的线型低密度聚乙烯、聚丙烯和聚氯乙烯期权合约。我们下文所涉及的期权知识都为美式期权的期权知识。

期权的希腊字母是衡量期权价格对不同变量敏感度的一系列指标，它们能帮助投资者理解和管理期权投资的风险（见表8－1）。其中，Delta衡量的是期权价格相对标的资产价格变动的敏感度。它的值介于－1到1之间，表示标的资产价格每变动1单位，期权价格预期变动的量。看涨期权的Delta为正，表示标的资产价格上涨时，期权价格也倾向于上涨；看跌期权的Delta为负，表示标的资产价格上涨时，期权价格倾向于下跌。实值期权的Delta接近于1或－1，平值期权接近于0.5，而虚值期权的Delta则更接近于0。

Gamma描述的是Delta本身对标的资产价格变动的敏感度，即Delta的变化速度。Gamma值越高，意味着期权价格对标的资产价格的小幅变动反应越敏感，这对动态对冲策略尤为重要。Theta表示期权价格随时间流逝的预期变化率，也就是时间价值的损耗速度。所有期权都会随到期日的临近而失去时间价值，因此，Theta通常为负数，但对于卖方来说，它是正收入来源。Vega衡量期权价格对标的资产波动率变动的敏感度。波动率增大通常会使期权价格上升，因此Vega值为正。对于期权交易者来说，Vega可以帮助评估市场波动性变化对持仓的影响。

表8－1　期权价格的影响因素及希腊字母

希腊字母	含义
Delta	标的资产价格变化引起的期权价格的变化
Gamma	标的资产价格变化引起的Delta值的变化
Vega	隐含波动率变化引起的期权价格的变化
Theta	期权的时间价值随时间流逝耗损的速度

二、期货与期权的关联与差异?

期权和期货在某些方面是相似的，它们都是场内的基础衍生产品，并都拥有风险管理的特性。然而，期权和期货在交易双方的权利和义务、风险和收益特性、保证金机制以及合约数量等多个方面表现出明显的不同。线型低密度聚乙烯、聚丙烯和聚氯乙烯期货与期权对比见表 8－2。

表 8－2　　线型低密度聚乙烯、聚丙烯和聚氯乙烯期货与期权对比

对比项目	线型低密度聚乙烯期货 聚丙烯期货 聚氯乙烯期货	线型低密度聚乙烯期权 聚丙烯期权 聚氯乙烯期权
保证金	买方＋卖方	卖方
涨跌停板	按照期货结算价一定比例计算的幅度	按照标的期货结算价一定比例计算的幅度
持仓限额	一般月份、临近交割月份和交割月份适用不同限仓标准	期权进行固定值持仓限额
强行平仓	客户超仓、会员资金不足和其他违规	客户超仓、会员资金不足和其他违规
强制减仓	期货三个同方向停板下，交易所有权决定是否强制减仓	期权三个同方向停板下，交易所有权决定是否强制减仓
大户报告	投机限仓标准的 80%	投机限仓标准的 80%

资料来源：大连商品交易所，由广发期货整理。

权利与义务：在期权交易中，买卖双方的权利和义务并不对等，但在期货交易中，双方的权利和义务是对等的。期货交易的两个参与方都有履行合约的责任，并必须在约定的到期日完成交割。期权中，仅卖方有责任履行合同，而买方只有权利而不需要承担任何义务。投资者可以通过交易期权来区分权利与义务，从而实现对投资的灵活性和风险的有效管理。

风险收益的特性：期权和期货在风险与收益的特性上有所不同，期权的

收益与其标的资产的收益之间存在非线性的联系，并且它们之间并没有一个固定的比率关系；期货的收益与其标的资产的收益之间，确实存在一个固定的比率关系。

保证金制度：期权和期货的保证金制度是不同的。在期权交易中，卖方有义务支付保证金作为履行合同的担保，而买方只有权利，因此无须支付保证金。期货交易的双方都有履行合同的责任，所以他们都必须支付保证金。

合约的数量：与期货合约相比，期权合约的数量明显更多。在期权的每个合约月份中，存在多个具有不同行权价格的看涨和看跌期权合约，而在期货合约中，每个合约月份仅有一个合约。

三、期权组合套利基本策略有哪些?

期权组合套利一般指的是从市场无效率带来的套利机会中获益[①]。它涉及购买和销售不同的期权以创造无风险收益。下面介绍几种常见的期权组合套利策略。

（一）套利策略一：保护性投机

这种策略通常由投机者使用，他们将期货买卖与看涨或看跌期权相结合，以对冲该期货投机中可能出现的上下波动风险。例如，如果聚丙烯期货的价格下跌，买入看跌期权的价值就会上升，不管是卖出平仓还是行权，都能在一定程度上抵消聚丙烯期货价格下跌给多单带来的损失。反过来，如果到期日聚丙烯期货合约价格上涨，买入聚丙烯某合约某价位的看跌期权可能

---

① 期权组合套利通常是指利用市场上暂时存在的无效率或价格偏差，通过构建特定的期权组合来获取无风险或低风险利润的策略。这种策略基于这样一个前提：市场存在信息不对称、交易成本、投资者情绪或其他因素，期权合约的实际价格与其理论公允价值之间可能出现短暂的偏离。

会过期失效，但其损失仅限于投资者支付的期权费。

1. 保护性看涨期权组合

核心思路：出售标的（即期货合约）和购买看涨期权共同形成了一种保护性的看涨期权组合策略。

驱动因素：当投资者持有某一标的空头头寸时，他们对标的物价格上升的潜在风险感到担忧，并期望为标的物提供一定的保障，同时确保在价格下跌时仍能获得收益。购买看涨期权意味着为所持有的空头标的购买了一份“保险”。保护性看涨期权组合损益见图 8－2。

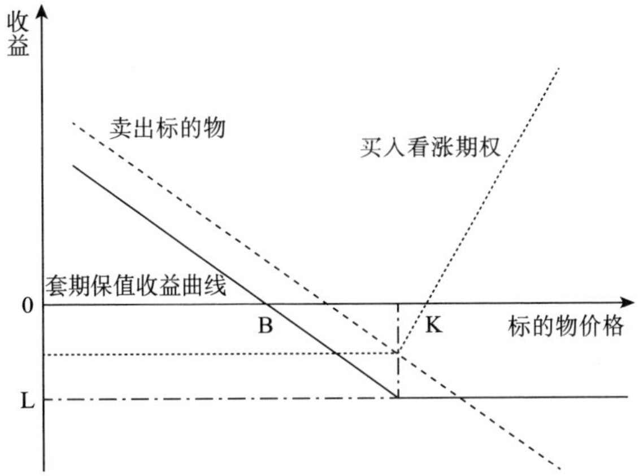

图 8－2 保护性看涨期权组合损益

资料来源：由广发期货整理。

盈亏原理：在市场价格升高的情况下，虽然卖出的期货合约会出现亏损，但买入的看涨期权却能盈利，从而完全对冲了期货合约的亏损。在市场价格出现下滑的情况下，卖出的期货合约会产生盈利，而买入的看涨期权则会在到期时被放弃。组合的净盈利表现为卖出的期货合约盈利减去买入看涨期权的权利金。

2. 保护性看跌期权组合

核心思路：买入标的（期货合约）与买入看跌期权构成了保护性看跌期权组合策略。

驱动因素：投资者持有标的多头头寸，希望规避标的物价格下行的风险，同时保留价格上涨时的收益。买入看跌期权意味着为持有的标的多头买了份“保险”。保护性看跌期权组合损益见图 8－3。

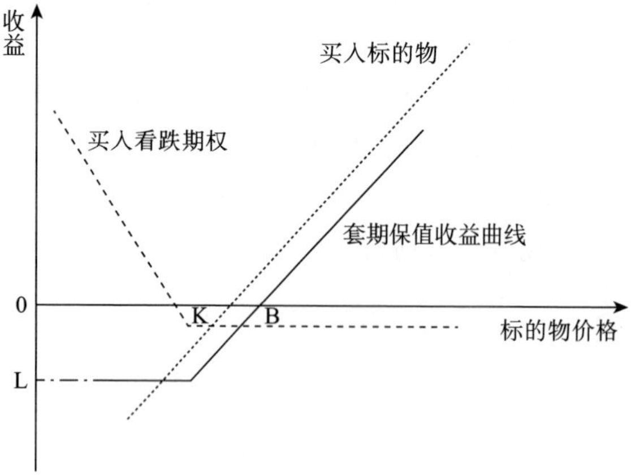

图 8－3 保护性看跌期权组合损益

资料来源：由广发期货整理。

盈亏原理：当期货市场的价格上升时，购买的期货合约会产生盈利，而购买的看跌期权则会放弃行权。组合的净盈利是从期货市场的盈利中减去买入看跌期权的权利金得到的。当期货市场的价格降低时，购买的期货合约可能会出现亏损，但购买的看跌期权却能带来盈利，这为期货合约的亏损设定了一个界限。

（二）套利策略二：波动率投机

波动率投机通常围绕跨式策略展开，主要分为震荡策略和突破策略。作为一种高级期权交易手段，波动率投机的核心在于同时部署相同执行价格及到期日的看涨和看跌期权。此策略的关键优势在于其对市场波动性的依赖而非单一价格走向：只要底层资产价格发生显著变动，无论是向上还是向下，只要策略执行得当，均可获利，因为剧烈的价格移动使至少一侧的期权能够实现内在价值的增值。其中，卖出跨式策略（Short Straddle）与买入跨式策略（Long Straddle）相反，涉及同时卖出相同执行价格和到期日的看涨及看跌期权。

1. 卖出跨式策略

核心思路：卖出跨式期权组合是由卖出与到期数量相等的平值看涨期权和平值看跌期权所构成的。

驱动因素：在投资者预测到市场价格在到期之前不会有大幅波动的情况下，他们可以选择出售跨式期权，以在价格波动相对较小的市场环境中实现盈利。卖出跨式期权组合损益见图8－4。

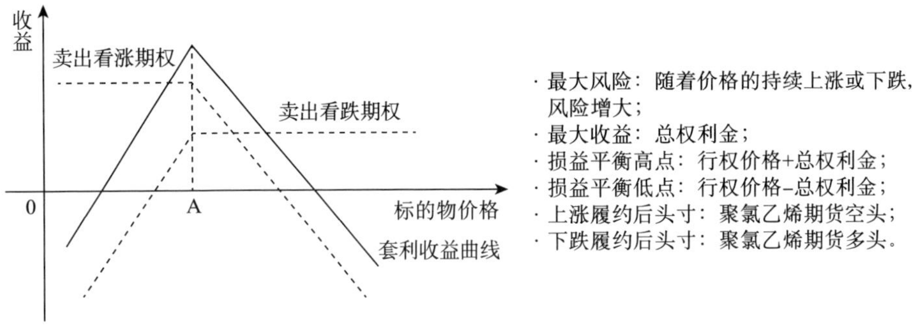

图8－4　卖出跨式期权组合损益（以聚氯乙烯期权为例）

资料来源：大连商品交易所，由广发期货整理。

盈亏原理：卖出跨式期权所获得的收益是从卖出的两个期权中获得的权利金的总和。在忽略交易成本的前提下，当到期标的物的市场价格与卖出跨式期权的行权价格相同时，跨式期权的卖方能够获得最大的利润。当市场价格的上升或下降幅度不超过卖出看涨期权和看跌期权所获得的权利金的总和时，跨式期权的卖方有可能实现盈利；当市场价格的上升或下降幅度超出卖出看涨期权和看跌期权所获得的权利金的总和时，卖出跨式期权将面临一定的风险。

在期权到期时，存在两个盈亏平衡点：一个是行权价格加上所收取的全部权利金；另一个是行权价格减去所收取的全部权利金（不考虑交易成本）。

2. 买入跨式策略

核心思路：该策略的主要思想是，无论市场走势如何（向上或向下），只要价格波动足够大，至少其中一种期权（看涨或看跌）会产生价值，从而超过期权的购买成本，获取利润。

驱动因素：尽管投资者预测市场可能会经历剧烈的波动，但由于波动方向不确定，他们可以考虑购买跨式期权，以从价格的剧烈波动中获得利益。买入跨式期权组合损益见图 8 –5。

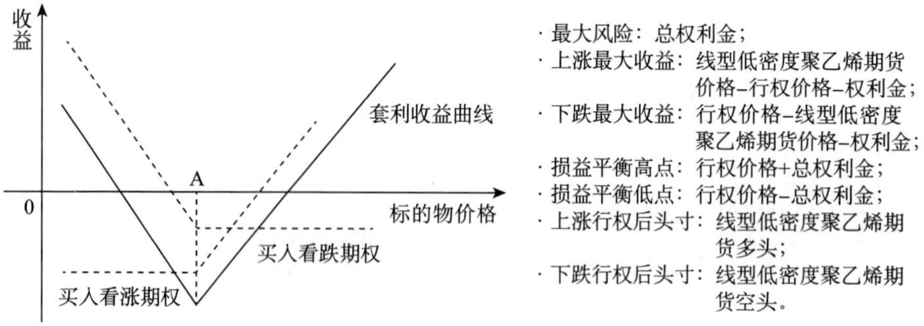

图 8 –5　买入跨式期权组合损益（以线型低密度聚乙烯期权为例）

资料来源：大连商品交易所，由广发期货整理。

盈亏原理：购买跨式期权时，最大的风险在于需要支付购买两个期权的总权利金。当到期的标的物市场价格与买入跨式期权的行权价格相同时，跨式期权的购买方将面对最大的经济损失。如果市场价格的上升或下降幅度不超过购买看涨期权和看跌期权所支付的权利金的总和，那么跨式期权的买方将面临亏损。当市场的价格剧烈上升或下降幅度超出购买看涨期权和看跌期权所需支付的权利金的总和时，跨式期权的购买者将会获得利润。

在期权到期时，存在两个盈亏平衡点：一个是行权价格加上已支付的全部权利金；另一个是行权价减去已支付的全部权利金（交易成本不在考虑范围内）。

四、线型低密度聚乙烯、聚丙烯和聚氯乙烯期权合约规定了哪些内容？

作为投资者，在做线型低密度聚乙烯、聚丙烯和聚氯乙烯期权交易之前，要知悉这三个品种期权合约及相应的交易规则。

线型低密度聚乙烯期权合约，是指期货交易场所统一制定的、规定买方有权在将来某一时间以特定价格买入或者卖出约定线型低密度聚乙烯期货的标准化合约。具体如表 8－3 所示。

表 8－3　　线型低密度聚乙烯期权合约

项目	合约内容
合约标的物	线型低密度聚乙烯期货合约
合约类型	看涨期权、看跌期权
交易单位	1 手（5 吨）线型低密度聚乙烯期货合约
报价单位	元（人民币）/吨
最小变动价位	0.5 元/吨
涨跌停板幅度	与线型低密度聚乙烯期货合约涨跌停板幅度相同
合约月份	1 月至 12 月
交易时间	每周一至周五 9：00—11：30、13：30—15：00，以及交易所规定的其他时间
最后交易日	标的期货合约交割月份前 1 个月的第 5 个交易日 标的期货合约交割月份前 1 个月的第 12 个交易日，交易所可以根据国家法定节假日调整最后交易日
到期日	同最后交易日
行权价格	行权价格覆盖标的期货合约上一交易日结算价上下浮动 1.5 倍，当日涨跌停板幅度对应的价格范围 最近 6 个自然月对应的期权合约：行权价格≤5000 元/吨，行权价格间距为 50 元/吨；5000 元/吨＜行权价格≤10000 元/吨，行权价格间距为 100 元/吨；行权价格＞10000 元/吨，行权价格间距为 200 元/吨 第 7 个及随后自然月对应的期权合约：行权价格≤5000 元/吨，行权价格间距为 100 元/吨；5000 元/吨＜行权价格≤10000 元/吨，行权价格间距为 200 元/吨；行权价格＞10000 元/吨，行权价格间距为 400 元/吨
行权方式	美式。买方可以在到期日之前任一交易日的交易时间，以及到期日 15：30 之前提出行权申请
交易代码	看涨期权：L－合约月份－C－行权价格 看跌期权：L－合约月份－P－行权价格
上市交易所	大连商品交易所

注：日盘交易分三个交易小节，分别为第一节 9：00—10：15、第二节 10：30—11：30 和第三节 13：30—15：00。本品种已开展夜盘交易，夜盘交易时间为 21：00—23：00。

聚丙烯期权合约，是指期货交易场所统一制定的、规定买方有权在将来某一时间以特定价格买入或者卖出约定聚丙烯期货的标准化合约。具体如表8－4所示。

表8－4　　聚丙烯期权合约

项目	合约内容
合约标的物	聚丙烯期货合约
合约类型	看涨期权、看跌期权
交易单位	1手（5吨）聚丙烯期货合约
报价单位	元（人民币）/吨
最小变动价位	0.5元/吨
涨跌停板幅度	与聚丙烯期货合约涨跌停板幅度相同
合约月份	1月至12月
交易时间	每周一至周五9：00—11：30、13：30—15：00，以及交易所规定的其他时间
最后交易日	标的期货合约交割月份前1个月的第5个交易日 标的期货合约交割月份前1个月的第12个交易日，交易所可以根据国家法定节假日调整最后交易日
到期日	同最后交易日
行权价格	行权价格覆盖标的期货合约上一交易日结算价上下浮动1.5倍，当日涨跌停板幅度对应的价格范围 最近6个自然月对应的期权合约：行权价格≤5000元/吨，行权价格间距为50元/吨；5000元/吨<行权价格≤10000元/吨，行权价格间距为100元/吨；行权价格>10000元/吨，行权价格间距为200元/吨 第7个及随后自然月对应的期权合约：行权价格≤5000元/吨，行权价格间距为100元/吨；5000元/吨<行权价格≤10000元/吨，行权价格间距为200元/吨；行权价格>10000元/吨，行权价格间距为400元/吨
行权方式	美式。买方可以在到期日之前任一交易日的交易时间，以及到期日15：30之前提出行权申请
交易代码	看涨期权：PP－合约月份－C－行权价格 看跌期权：PP－合约月份－P－行权价格
上市交易所	大连商品交易所

注：日盘交易分三个交易小节，分别为第一节9：00—10：15、第二节10：30—11：30和第三节13：30—15：00。本品种已开展夜盘交易，夜盘交易时间为21：00—23：00。

聚氯乙烯期权合约，是指期货交易场所统一制定的、规定买方有权在将来某一时间以特定价格买入或者卖出约定聚氯乙烯期货的标准化合约。具体如表 8 -5 所示。

表 8 -5　　聚氯乙烯期货期权合约

项目	合约内容
合约标的物	聚氯乙烯期货合约
合约类型	看涨期权、看跌期权
交易单位	1 手（5 吨）聚氯乙烯期货合约
报价单位	元（人民币）/吨
最小变动价位	0.5 元/吨
涨跌停板幅度	与聚氯乙烯期货合约涨跌停板幅度相同
合约月份	1 月至 12 月
交易时间	每周一至周五 9：00—11：30、13：30—15：00，以及交易所规定的其他时间
最后交易日	标的期货合约交割月份前 1 个月的第 5 个交易日 标的期货合约交割月份前 1 个月的第 12 个交易日，交易所可以根据国家法定节假日调整最后交易日
到期日	同最后交易日
行权价格	行权价格覆盖标的期货合约上一交易日结算价上下浮动 1.5 倍，当日涨跌停板幅度对应的价格范围 最近 6 个自然月对应的期权合约：行权价格≤5000 元/吨，行权价格间距为 50 元/吨；5000 元/吨＜行权价格≤10000 元/吨，行权价格间距为 100 元/吨；行权价格＞10000 元/吨，行权价格间距为 200 元/吨 第 7 个及随后自然月对应的期权合约：行权价格≤5000 元/吨，行权价格间距为 100 元/吨；5000 元/吨＜行权价格≤10000 元/吨，行权价格间距为 200 元/吨；行权价格＞10000 元/吨，行权价格间距为 400 元/吨
行权方式	美式。买方可以在到期日之前任一交易日的交易时间，以及到期日 15：30 之前提出行权申请
交易代码	看涨期权：V -合约月份 -C -行权价格 看跌期权：V -合约月份 -P -行权价格
上市交易所	大连商品交易所

注：日盘交易分三个交易小节，分别为第一节 9：00—10：15、第二节 10：30—11：30 和第三节 13：30—15：00。本品种已开展夜盘交易，夜盘交易时间为 21：00—23：00。

五、线型低密度聚乙烯、聚丙烯和聚氯乙烯期权在产业链中有哪些应用？

在聚丙烯产业链中，上游石化环节具有较强的定价话语权；下游塑料制品环节涉及较多领域，企业数量多而散，以中小企业为主，市场话语权较弱。2023 年 1 月临近春节假期，某聚丙烯下游加工企业的聚丙烯原料库存积压，下游订单较少，希望通过期权工具保护库存利润。为降低套保成本，规避春节后聚丙烯原料库存大幅贬值的风险，该企业于 1 月 20 日买入为期 1 个月、标的聚丙烯 2305 合约、行权价格为 8000 元/吨的虚值看跌期权，为 500 吨成品库存提供保护。春节长假后，下游需求未见明显好转，库存压力仍在，但受远期预期转好的提振，聚丙烯 2305 合约价格开始反弹。该企业抓住时机，于 2 月 21 日买入第二笔为期 1 个月行权价格为 7800 元/吨的平值看跌期权，为 500 吨成品库存提供保护。

总体来看，此次聚丙烯场外期权项目共交易两笔看跌期权，管理规模为 1000 吨。由于聚丙烯价格下跌，现货库存价值损失 15 万元，但期权端实现风险对冲获益 23.05 万元，弥补了库存损失的同时得到了 8.05 万元的收益。相关要素展示如表 8 - 6 所示。

表 8 - 6　相关要素

日期	现货价格（元/吨）	期货价格（元/吨）	行权价格（元/吨）	期权报价（元/手）	交易成本（元）
1 月 20 日	采购成本 7750	8043	8000	105	10500
2 月 21 日	7700	7862	7800	160	16000
3 月 21 日	7500	7424	—	—	—

因此，第一批现货库存理论价值损失 2.5 万元，第二批现货库存理论价值损失 12.5 万元，合计损失达到 15 万元。期权端第一次套保盈利 6.9 万

元，权利金支出 1.05 万元，合计盈利 5.85 万元；第二次套期保值操作盈利 18.8 万元，权利金支出 1.6 万元，合计盈利 17.2 万元。

六、线型低密度聚乙烯、聚丙烯和聚氯乙烯期权交易中有哪些风险防控措施？

针对线型低密度聚乙烯、聚丙烯和聚氯乙烯的期权交易过程中发生风险的可能性，大连商品交易所根据《期权交易管理办法》对期权交易风险管理实行了保证金制度、涨跌停板制度、限仓制度、交易限额制度、大户报告制度、强行平仓制度和风险警示制度。

首先，期权交易实行保证金制度。期权卖方交易保证金的收取标准为下列两者中较大者：

期权合约结算价 × 标的期货合约交易单位 + 标的期货合约交易保证金 − (1/2) × 期权虚值额

期权合约结算价 × 标的期货合约交易单位 + (1/2) × 标的期货合约交易保证金

针对期权交易不同的持仓组合，交易所可规定不同的交易保证金收取标准。

其次，期权交易实行涨跌停板制度。停板价格计算公式如下：

涨停板价格 = 期权合约上一交易日结算价 + 标的期货合约涨跌停板幅度

跌停板价格 = Max（期权合约上一交易日结算价 − 标的期货合约涨跌停板幅度，期权合约最小变动价位）

涨（跌）停板单边无连续报价，是指某一期权合约在某一交易日收盘前 5 分钟内出现只有停板价位的买入（卖出）申报，没有停板价位的卖出（买入）申报，或者一有卖出（买入）申报就成交但未打开停板价位的情况。如果某期权合约上一交易日结算价小于等于当日涨跌停板幅度，且当日收盘前 5 分钟内出现只有最低报价的卖出申报，没有最低报价的买入申报，或者一有买入申报就成交但未打开最低报价的情况。交易所不能将其按照跌停板单边无连续报价处理。当期权合约连续3个交易日出现同方向涨跌停板单边无连续报价时，交易所不实行强制减仓措施，交易所认定出现了异常情况的除外。同时，当标的期货合约调整交易保证金标准和涨跌停板幅度时，期权合约交易保证金标准和涨跌停板幅度随之相应变化。

关于限仓和交易限额制度。大商所规定期权限仓，是指交易所规定非期货公司会员、境外特殊非经纪参与者和客户可以持有的，按单边计算的某月份期权合约投机持仓的最大数量。交易所可以对期权合约实行交易限额制度，具体按照《大连商品交易所风险管理办法》相关规定执行。

期权交易实行大户报告制度。大户报告的条件、应提供材料等，具体按照《大连商品交易所风险管理办法》相关规定执行。

关于强制性平仓制度。交易所规定非期货公司会员、境外特殊非经纪参与者和客户因期权行权超出期货限仓标准的，交易所按照有关规定实行强行平仓措施。强行平仓前先由会员、境外特殊参与者自己执行，会员应督导委托其交易结算的境外特殊参与者、境外中介机构和客户执行。除交易所特别规定外，对开设夜盘交易的品种，其时限为夜盘交易小节、第一节和第二节交易时间内；对未开设夜盘交易的品种，其时限为第一节和第二节交易时间内。若时限内会员未执行完毕，则从第三节起由交易所强制执行。因会员或其受托结算的任一明细账户的结算准备金小于零而被要求强行平仓的，在保证金补足至最低结算准备金余额前，禁止该明细账户开仓交易。

期权交易实行风险警示制度。风险警示的情形、方式等，按照《大连商品交易所风险管理办法》有关规定执行。

自测题

一、单选题

1. 期权和期货在交易双方的权利和义务方面，(　　)。

A. 权利和义务完全相等

B. 权利和义务都不对等

C. 期权买方有权利不承担义务，而卖方承担义务

D. 期货双方都不承担义务

2. 在期权交易中，（　　）需要支付保证金。

A. 买方　　B. 卖方

C. 买卖双方　　D. 都不需支付保证金

3. 以下（　　）不是期权组合套利基本策略。

A. 保护性投机　　B. 卖出跨式策略

C. 买入对倒策略　　D. 买入跨式策略

4. 大连商品交易所规定线型低密度聚乙烯、聚丙烯和聚氯乙烯期权合约的最小变动价位是（　　）。

A. 0.1 元/吨　　B. 0.5 元/吨

C. 1 元/吨　　D. 2 元/吨

5. 以下（　　）合约月份不属于线型低密度聚乙烯、聚丙烯和聚氯乙烯期权可能的合约月份。

A. 1 月　　B. 7 月

C. 12 月　　D. 13 月

二、多选题

1. 期权交易的风险管理措施包括（　　）。

A. 保证金制度　　B. 交易限额制度

C. 大户报告制度　　D. 信用评分制度

2. 期权的特点有（　　）。

A. 期权是一种衍生金融工具

B. 可以实现无风险交易

C. 涉及标的物

D. 买方具有权利而无须承担对应责任

3. 关于期权和期货的说法，正确的有（　　）。

A. 期权有可能需要实物交割

B. 期货买卖双方都有履行合约的责任

C. 期权买方具有权利，却无须履行责任

D. 期权交易不可用于风险管理

4. 线型低密度聚乙烯、聚丙烯和聚氯乙烯期权合约的交易规则中不包含（　　）。

A. 涨跌停板制度　　B. 交易时间设定

C. 最后交易日与到期日规定　　D. 强制全额支付制度

5. 买入看涨期权策略是（　　）。

A. 在下跌市场中获利　　B. 在上涨市场中获利

C. 表达对市场上涨的看法　　D. 无限风险策略

三、判断题

1. 期权合约允许买方在任何时间执行权利。（　　）

2. 卖出跨式期权策略是在预测市场价格将会有大幅波动时使用的。（　　）

3. 聚丙烯产业链上游石化环节具有较强的定价话语权。（　　）

4. 线型低密度聚乙烯、聚丙烯和聚氯乙烯期权交易的风险防控措施有信用评分制度。（　　）

5. 期权的交易单位一般是1手对应5吨的期货合约量。（　　）

四、填空题

1. 在期权交易中，看涨期权给予买方在有效期内按预先约定的价格向卖方__________特定数量的商品。

2. 看跌期权的买方有权利在期权有效期限内，按照预先约定的价格向卖方__________特定商品数量。

3. 交易所规定了不同的持仓组合对于期权交易的保证金收取________。

4. 期货交易中的涨跌停板价格计算公式中，跌停板价格是期权合约上一交易日结算价减去标的期货合约涨跌停板幅度的__________。

5. 期权组合套利基本策略中的保护性投机策略涉及期货买卖与看涨或看跌期权相结合，以对冲期货投机中的__________风险。

参考答案

一、单选题

1. C　2. B　3. C　4. B　5. D

二、多选题

1. ABC　2. ACD　3. BC　4. ABC　5. BC

三、判断题

1. 错误　2. 错误　3. 正确　4. 错误　5. 正确

四、填空题

1. 购买　2. 出售　3. 标准　4. 较大者　5. 价格波动

后　记

本书是专为期货交易者编写的一本普及性读物，适合线型低密度聚乙烯、聚丙烯和聚氯乙烯产业链企业和普通交易者阅读。

本书注意实用性、趣味性，以通俗易懂的语言、鲜明生动的案例将理论知识简单化，避免了理论知识阐述过程中的呆板僵硬。对线型低密度聚乙烯、聚丙烯和聚氯乙烯产业链企业而言，本书具有指导实务操作的作用，书中包含了大量套期保值、套利、风险管理的应用型案例，对企业应用线型低密度聚乙烯、聚丙烯和聚氯乙烯期货有一定借鉴意义。对普通交易者而言，本书通过一问一答的形式，由浅入深地剖析线型低密度聚乙烯、聚丙烯和聚氯乙烯的基本面及技术面，有助于交易者快速了解线型低密度聚乙烯、聚丙烯和聚氯乙烯市场。

与证券、债券等金融工具相比，期货作为风险管理工具，专业性强，杠杆率高，风险大，这在客观上要求期货交易者应具备一定的专业投资知识、经济实力以及风险承受能力。“期市有风险，入市需谨慎!”

由于篇幅限制，本书无法尽述相关实体企业及交易者在期货市场上可能面临的所有具体情况，不管是实体企业还是普通交易者，参与期货交易时，都务必结合自身需求，制定科学合理的交易策略。企业参与套期保值要避免变成投机，普通交易者要严格评估自身能力，尽可能地熟悉并掌握交易品种的市场特点及操作技巧，并严格控制交易规模，避免遭受不必要的损失。

作为《期货交易者教育系列丛书》之一，本书由中国期货业协会组织编写，广发期货有限公司的张晓珍、苗扬、金果实同志承担了具体编写任务。大连商品交易所对本书书稿进行了审阅并提出了宝贵建议。

本书在《线型低密度聚乙烯》《聚氯乙烯》的基础上修订而来，增加了聚丙烯期货以及产业链的内容，在此感谢《线型低密度聚乙烯》编写人员南华期货股份有限公司杨光明、史明珠、卢惠丽，《聚氯乙烯》编写人员广发期货有限公司蒋婵杰、程伟、李晨铭、曹晓军、李冰、付阳、陈震址等在上述图书的编写过程中作出的杰出贡献。

本书在编写过程中还得到了中国证监会期货司、大连商品交易所和广发期货有限公司领导的指导和帮助，在此表示衷心的感谢！书中的错误之处，敬请批评指正。

中国期货业协会《期货交易者教育系列丛书》编委会

2024 年 8 月

中国期货业协会
China Futures Association

中国财经出版传媒集团
中国财政经济出版社

书单

FUTURES

一、系列

序号	系列
（一）	期货交易者教育系列图书
（二）	金融衍生品系列丛书
（三）	中国期货业发展创新与风险管理研究
（四）	中国期货市场年鉴
（五）	“讲故事　学期货”金融国民教育丛书
（六）	全国期货从业人员资格考试参考用书
（七）	服务实体经济系列
（八）	期货投资者保护丛书
……	……

二、明细

（一）期货交易者教育系列图书

序号	书名	书号
1	铜期货	978-7-5223-0293-5
2	精对苯二甲酸（PTA）期货	978-7-5223-1405-1
3	玉米期货	978-7-5223-2467-8
4	铝期货	978-7-5223-2980-2
5	小麦	978-7-5095-3183-9
6	锌	978-7-5095-3190-7
7	线型低密度聚乙烯、聚丙烯和聚氯乙烯期货	978-7-5223-2982-6
8	早籼稻	978-7-5095-3076-4

续表

序号	书名	书号
9	棉花期货	978-7-5223-2276-6
10	燃料油期货	978-7-5223-2659-7
11	棕榈油期货	978-7-5223-2981-9
12	黄金	978-7-5095-2532-6
13	白糖期货	978-7-5095-8814-7
14	豆类期货	978-7-5095-8815-4
15	焦煤焦炭期货	978-7-5223-2286-5
16	乙二醇期货	978-7-5223-1645-1
17	铅	978-7-5095-4086-2
18	鸡蛋期货	978-7-5095-5803-4
19	铁矿石期货	978-7-5095-5809-6
20	纤维板、胶合板期货	978-7-5095-5810-2
21	石油沥青期货	978-7-5095-5816-4
22	菜籽系期货	978-7-5095-5743-3
23	白银期货	978-7-5095-5955-0
24	玻璃期货	978-7-5095-5697-9
25	动力煤期货	978-7-5095-5802-7
26	稻谷期货	978-7-5095-5826-3
27	原油期货（第二版）	978-7-5223-2342-8
28	苹果期货	978-7-5223-0455-7
29	花生期货	978-7-5223-0967-5
30	生猪期货	978-7-5223-0851-7
31	天然橡胶期货	978-7-5223-1184-5
32	钢材期货	978-7-5223-1175-3
33	甲醇期货	978-7-5223-1295-8
34	纸浆期货	978-7-5223-1277-4
35	纯碱期货	978-7-5223-2285-8
36	镍与不锈钢期货	978-7-5233-2488-3
37	锡期货	978-7-5223-2660-3
38	液化石油气期货	978-7-5223-2931-4
……	……	……

（二）金融衍生品系列丛书

序号	书名	书号
1	股指期货（第二版）	978-7-5095-9432-2
2	场外衍生品（第二版）	978-7-5095-9596-1
3	国债期货（第二版）	978-7-5095-9601-2
4	金融期权（第二版）	978-7-5095-9598-5
5	外汇期货（第二版）	978-7-5095-9597-8
6	结构化产品（第二版）	978-7-5095-9600-5
7	金融衍生品习题集（第二版）	978-7-5095-9599-2

（三）中国期货业发展创新与风险管理研究

序号	书名	书号
1	中国期货业发展创新与风险管理研究（8）	978-7-5095-6907-8
2	中国期货业发展创新与风险管理研究（9）	978-7-5095-7523-9
3	中国期货业发展创新与风险管理研究（10）	978-7-5095-8144-5
4	中国期货业发展创新与风险管理研究（11）	978-7-5223-0213-3
5	中国期货业发展创新与风险管理研究（12）	978-7-5223-1483-9
6	中国期货业发展创新与风险管理研究（13）	978-7-5223-2215-5
7	中国期货业发展创新与风险管理研究（14）	978-7-5223-2819-5
……	……	……

（四）中国期货市场年鉴

序号	书名	书号
1	中国期货市场年鉴（2015）	978-7-5095-6924-5
2	中国期货市场年鉴（2016）	978-7-5095-7503-1
3	中国期货市场年鉴（2017）	978-7-5095-8331-9
4	中国期货市场年鉴（2018）	978-7-5095-9079-9
5	中国期货市场年鉴（2019）	978-7-5095-9869-6
6	中国期货市场年鉴（2020）	978-7-5223-0640-7
7	中国期货市场年鉴（2021）	978-7-5223-1500-3
8	中国期货市场年鉴（2022 中文版）	978-7-5223-2380-0
9	中国期货市场年鉴（2022 英文版）	978-7-5223-2381-7
10	中国期货市场年鉴（2023 中文版）	978-7-5223-2837-9
11	中国期货市场年鉴（2023 英文版）	978-7-5223-2836-2
……	……	……

（五）“讲故事 学期货”金融国民教育丛书

序号	书名	书号
1	走进期货	978-7-5095-7095-1
2	如何进行期货交易	978-7-5095-7092-0
3	期货的套保和套利	978-7-5095-7093-7
4	期货交易中的“规矩”	978-7-5095-4355-9
5	金属期货	978-7-5095-7087-6
6	农产品期货	978-7-5095-7104-0
7	能化期货	978-7-5095-7088-3
8	金融期货	978-7-5095-7094-4
9	期权	978-7-5095-7217-7
10	场外衍生品	978-7-5095-7091-3

（六）全国期货从业人员资格考试参考用书

序号	书名	书号
1	期货及衍生品基础（第三版）	978-7-5223-1005-3
2	期货法律法规与职业道德（第二版）	978-7-5223-2897-3
3	期货及衍生品分析与应用（第四版）	978-7-5223-0998-9

（七）服务实体经济系列

序号	书名	书号
1	期货行业主力复工复产案例集	978-7-5223-0168-6
2	期货服务实体经济案例集	978-7-5095-8029-5
……	……	……

（八）期货投资者保护丛书

序号	书名	书号
1	期海导航——期货投资常识与基础知识	978-7-5223-1045-9
2	期海护航——期货交易者合法权益保护	978-7-5223-1531-7

咨询电话：010-88190912

咨询邮箱：jiayanping@cfemg.cn